इश्क़-नामा

इश्क़-नामा

ख़्वाजा रुक्नुद्दीन 'इश्क़'

सम्पादक

रय्यान अबुलउलाई

rekhta publications

राजकमल प्रकाशन

rekhta publications

राजकमल प्रकाशन

रेख़्ता पब्लिकेशंस

बी-37, सेक्टर - 1, नोएडा

उत्तर प्रदेश - 201301

contact@rekhta.org । www.rekhtabooks.com

www.rajkamalprakashan.com

प्रथम संस्करण: 2023

ISBN : 978-93-94494-74-9

इश्क़-नामा

ख़्वाजा रुक्नुद्दीन 'इश्क़'

सम्पादक - रय्यान अबुलउलाई

आवरण रेखा चित्र - कपिल भारद्वाज

टाइपिंग एवं सेटिंग - मोहम्मद अमजद

मुद्रक - थॉमसन प्रेस (इंडिया) लिमिटेड

मूल्य : ₹ 249

हज़रत शाह मोहसिन अबुलउलाई दानापूरी
सज्जादा नशीं
ख़ानक़ाह सज्जादिया अबुलउलाईया, दानापुर
के नाम

प्रस्तावना

ख़्वाजा रुक्नुद्दीन इश्क़ एक महान सूफ़ी शाइर हुए हैं। अगर उनकी ज़िंदगी और शाइरी पर नज़र डालें, तो अंदाज़ा हो जाता है कि उनकी शाइरी में वो सब चीज़ें मौजूद हैं, जो एक सूफ़ी में पाई जाती हैं। उनकी ख़ानक़ाह बिहार में बारगाह-ए-इश्क़ के नाम से मशहूर है। यहाँ रंग-ओ-मस्ती और जोश-ओ-ख़रोश का एक बड़ा ख़ज़ाना छुपा हुआ है।

ख़्वाजा रुक्नुद्दीन इश्क़ का जन्म सन् 1700 ई. के आसपास दिल्ली में उनकी ननिहाल में हुआ था। आपकी माँ इस्मत-उन-निसा उर्फ़ बोबो, मशहूर सूफ़ी हज़रत शाह मोहम्मद फ़रहाद अबुलउलाई की बेटी थीं। फ़रहाद, हज़रत सय्यदना अमीर अबुलउला के ख़लीफ़ा हज़रत दोस्त मोहम्मद के मुरीद-ओ-ख़लीफ़ा थे। बिहार और बंगाल में सिलसिला-ए-अबुलउलाइया की पहचान आप ही के ज़रिए हुई। आपके पिता हज़रत उमर फ़ारूक़ की औलाद में से थे। उनका नाम शैख़ मोहम्मद करीम फ़ारूक़ी और उनके पिता का नाम शैख़ तुफ़ैल अली था।

ख़्वाजा रुक्नुद्दीन इश्क़ का नाम रुक्नुद्दीन, लक़ब मिर्ज़ा और तख़ल्लुस इश्क़ था। इन्हें घसीटा नाम से भी पुकारा जाता था। आपके नाम से जुड़ा हुआ लफ़्ज़ "मिर्ज़ा" नाना की वजह से जुड़ा है, जिसको फ़क़ीरी की शान कहा जाता है। ख़्वाजा रुक्नुद्दीन इश्क़ ख़ुद अपने एक शेर में कहते हैं कि-

ख़िताब आता है तुझ को हर-दम ऐ इश्क़
मुबारक हो तुझे ये मीर्ज़ाई

ख़्वाजा रुक्नुद्दीन इश्क़ की शुरुआती शिक्षा अपने नाना की

निगरानी में हुई। उनके नाना की दिल्ली में ख़ूब आव-भगत थी। जब दुर्रानियों के हमले ने दिल्ली को तबाह-ओ-बर्बाद कर दिया, तो बहुत से लोग दिल्ली छोड़ने पर मजबूर हुए। ख़्वाजा रूक्नुद्दीन इश्क़ भी हमले के बाद शाहजहानाबाद आ गए और बाद में मुर्शिदाबाद चले गए। मुर्शिदाबाद में उन्होंने लम्बे वक़्त तक ख़्वाजा मोहम्मदी ख़ाँ के साथ ज़िंदगी गुज़ारी। मुर्शिदाबाद के नवाब और बड़ी पहुँच वाले उनकी काफ़ी इज़्ज़त करते थे और उनसे कोई भी काम न करवाते थे। कुछ लेखकों के मुताबिक़ आप मुर्शिदाबाद में नौकरी करते थे। ये भी हो सकता है कि आप ने कुछ वक़्त तक नौकरी की हो, लेकिन ये कहना बिल्कुल ठीक नहीं है कि आप मीर क़ासिम की फ़ौज के सेनापति थे या मुलाज़िम के तौर पर काम करते थे, क्योंकि मीर क़ासिम को सन् 1764 ई. में ही शुजाउद्दौला से वादा-ख़िलाफ़ी करने पर किसी अनजान जगह क़ैद कर दिया गया था।

कुछ दिनों के बाद दिल में इश्क़-ए-हक़ीक़ी की आग लगी और पीर की संगत का जज़्बा पैदा हुआ और फिर धीरे धीरे दुनिया से दूर होने लगे। शुरू-शुरू में सिलसिला-ए-नक़्शबंदिया मुजद्दिदिया की तरफ़ शौक़ बढ़ा। आपके नाना के मुरीदों को ये फ़िक्र हुई के कहीं ख़ानदानी सिलसिला छोड़ कर दूसरे सिलसले में न जुड़ जाएँ। एक दफ़ा आपके नाना के ख़लीफ़ा हज़रत शाह बुरहानुद्दीन ख़ुदा-नुमा जो फ़िक़्ह और उसूल-ए-फ़िक़्ह के लिए दिल्ली में मशहूर थे,तशरीफ़ लाए। उन्होंने एक महफ़िल में आपको तवज्जोह दी और सिर्फ़ उसी तवज्जो के ज़रिए नक़्शबंदिया मुजद्दिदिया की जानिब आपका मैलान खींच लिया और फ़रमाया कि रुक्नुद्दीन! ख़ानदानी सिलसिला हासिल करो। फिर ख़्वाजा रुक्नुद्दीन इश्क़ सालों उनकी संगत में रहे और बाद में दिल्ली से पूरब की ओर चल दिए।

फिरते-फिराते दिल्ली से पटना आए और जब हज़रत मख़्दूम

मुन'अम पाक की शोहरत सुनी तो आपकी ख़िदमत में हाज़िर हुए। जब उन्होने मुन'अम पाक से बात-चीत की, तो मालूम हुआ कि मख़्दूम मुन'अम पाक आपके नाना हज़रत फ़रहाद से फ़ैज़ पाते थे। इसी सबब पर ख़्वाजा रुक्नुद्दीन इश्क़ उनके फ़ैज़ से कामिल हुए और छः महीने उनकी संगत में रहे। एक दूसरी रिवायत के हिसाब से वो बारह बरस तक मुन'अम पाक से फ़ैज़ पाते रहे। मख़्दूम मुन'अम पाक ने आपको उसी तरह सम्मान दिया जैसा कि पीर के बच्चों का दिया जाता हैं।

इन्ही दिनों ख़्वाजा रुक्नुद्दीन इश्क़ की योग्यता देखकर हज़रत बुरहानुद्दीन ख़ुदा-नुमा ने उन्हें इजाज़त-ओ-ख़िलाफ़त से नवाज़ा जिसके बाद वो दोबारा पटना वापस चले आए। पटना इस क़दर उनको पसंद आया कि इस शहर को अपना ठिकाना बना लिया। उनको मख़्दूम मुन'अम पाक से भी ख़िलाफ़त हासिल थी। ख़्वाजा रुक्नुद्दीन इश्क़ को हज़रत उमर फ़ारूक़, हज़रत मौला अली, हज़रत जलालुद्दीन रूमी और हज़रत शैख़ शर्फ़ुद्दीन अहमद यहया मनेरी से फ़ैज़ हासिल था। मौलाना रूमी की मस्नवी का बेहतरीन पाठ करते थे। हज़रत यहया मनेरी की शान में लिखी उनकी एक मंक़बत काफ़ी मशहूर है-

बरतर है मिरी फ़िक्र से वो ज़ात है तेरी
करता हूँ अदब से तिरी ख़िदमत में दिलेरी

दरवाज़े का तेरे हूँ गदा भीक दे मेरी
महरूम न कर मेरी तू है साल की फेरी

या शाह-ए-शरफ़ अहमद-ए-यहया-ए-मनेरी

मख़्दूम मुन'अम पाक के हुक्म से ख़्वाजा रुक्नुद्दीन इश्क़ पटना के मीतन घाट में स्थित हाजी मीर तक़ी की मस्जिद में रहने लगे।

मस्जिद के उत्तर में जहाँ अब बारगाह-ए-इश्क़ है किसी नवाब का मकान था। उस की महफ़िल में हू-हक़ की आवाज़ ने रुकावट डाली, तो उस नवाब ने ख़्वाजा रुक्नुद्दीन इश्क़ से कहलवाया कि मियाँ साहब! यहाँ से रास्ता लो, आपकी हू-हक़ से हमारे ऐश में ख़लल पड़ता है। आपने ये सुनते ही फ़रमाया कि जिस तरह नवाब साहब को ये बात ख़ुद यहाँ आकर कहनी मुश्किल न थी, उसी तरह ख़ुदा के लिए नवाब साहब को भी हटा देना कोई मुश्किल काम नहीं। फ़क़ीरों की बद-दुआ कहिए या इत्तिफ़ाक़, दूसरे ही दिन सवेरे शाही परवाना आया जिसकी तामील हुई और नवाब साहब का मकान नीलाम हो गया। नीलामी में नवाब अहमद अली ख़ाँ ने उसे ख़रीद लिया। अहमद अली ख़ाँ, नवाब सरफ़राज़ हुसैन ख़ाँ के पर-दादा और बिहार के शासक थे। शाम को नवाब अहमद अली ख़ाँ अपने नौकरों के साथ हाज़िर हो कर मुरीद हुए और वही मकान आपको तोहफ़े में पेश किया। तब ख़्वाजा रुक्नुद्दीन इश्क़ दोबारा उसी मकान में लौट आए और उन्होंने ख़ानक़ाह बनाने का ख़्याल ज़ाहिर किया। लोगों ने कहा कि हुज़ूर! रुपये नहीं हैं, ख़ानक़ाह बनाने के लिए रुपये कहाँ से आएंगे। आपने फ़रमाया कि ख़ुदा मालिक है और कुछ ईंटें जमा कीं, ख़ुद से गलाबा किया और अपने हाथों से ख़ानकाह की बुनियाद डाल दी। दूसरे ही दिन कोई दुनिया-दार आया और आपकी दुआ से उस का काम पूरा हो गया। उस के इंतिज़ाम ने आपकी ख़ानक़ाह बनवा दी। ख़्वाजा रुक्नुद्दीन इश्क़ ख़ुद मज़दूरों के साथ काम करते थे और हर छोटे से छोटे काम में भी ख़ुद हिस्सा लेते थे। इस तरह बारगाह-ए-इश्क़ तय्यार हुई।

ख़्वाजा रुक्नुद्दीन इश्क़ ने अपनी ज़िंदगी में ख़ानक़ाही संस्कृति का ख़याल रखा। सूफ़ीवाद में रुचि रखने वालों को वो रूहानी शिक्षा और ज़िक्र-ओ-फ़िक्र के अलावा, बराबर मौलाना जलालुद्दीन रूमी की मस्नवी का दर्स देते थे। उनकी मज्लिस में पटना के उलमा,

सूफ़िया और बड़े-बड़े लोग जमा होते थे। ख़्वाजा रुक्नुद्दीन इश्क़ अपने मुर्शिद का उर्स बड़ी पाबंदी से करते थे। इश्क़ की मज्लिस बड़ी पुर-जोश और ज़िंदा-दिल होती थी। बारगाह-ए-इश्क़ में सिर्फ़ पटना से ही नहीं, बल्कि भारत के बड़े-बड़े विद्वान अक़ीदत से आते थे। जिनमें बीजा बाई, बनारस के महाराजा दौलत राव, नवाब-ए-ढाका और दूसरे शहरों के नवाब भी शामिल थे।

आपके प्रसिद्ध मुरीदों के नाम ये हैं:

नवाब अहमद अली ख़ाँ (गया), ख़्वाजा मोहतरम अली ख़ाँ, ख़्वाजा अली आज़म ख़ाँ हाजी, ख़्वाजा आसिम ख़ाँ, ख़्वाजा मुकर्रम ख़ाँ हरीफ़, नवाब क़ासिम अली ख़ाँ, नवाब सादुल्लाह ख़ाँ आशिक़, शैख़ ग़ुलाम अली रासिख़, शोरिश अज़ीमाबादी और फ़िदवी अज़ीमाबादी आदि।

आपके प्रसिद्ध ख़ुलफ़ा ये हैं-

ख़्वाजा अबुल बरकात अबुलउलाई (मीतन घाट), मौलाना अब्दुर्रहमान (शेर घाटी, गया), सय्यद कबीर अली उर्फ़ दानिश (पटना सिटी), मीर मोहम्मद अस्करी (मीतन घाट), ख़्वाजा हैदर जान (पटना सीटी), शाह अली अहमद (बिहार शरीफ़), शाह नुस्रतुल्लाह (बनारस), शाह अली मोहम्मद (बनारस), पीर मोहम्मद मज्ज़ूब (मीतन घाट), शाह मोहम्मद वासिल मज्ज़ूब (मीतन घाट, पटना)।

ख़्वाजा रुक्नुद्दीन इश्क़ ने दो शादियाँ कीं थी। पहली शादी ख़्वाजा मोहम्मदी ख़ाँ के किसी अज़ीज़ की ख़ादिमा से हुई थी। जिन से एक बेटे साईं जी हुए। साईं जी का आपकी ज़िंदगी में ही इंतिक़ाल हो गया। दूसरी शादी हज़रत बुरहानुद्दीन ख़ुदा-नुमा की बड़ी बेटी से हुई थी, जिनसे दो बेटे और एक बेटी हुई। बड़े बेटे का नाम शाह मोहम्मद हुसैन था, जो ख़्वाजा अबुल बरकात के ख़लीफ़ा थे। उनका इंतिक़ाल 1821 में हुआ। छोटे बेटे का नाम शाह अहमद हुसैन उर्फ़ छोटे हज़रत

था, जो आपकी वफ़ात के तेरह बरस बाद इंतिक़ाल कर गए।

आपकी बेटी की शादी ख़्वाजा मोहसिन अली से हुई, जिनसे ख़्वाजा लुत्फ़ अली पैदा हुए। ये बारगाह-ए-इश्क़ के सज्जादा-नशीं हुए। आप ही के वंश में यहाँ की सज्जादगी चली आ रही है और मौजूदा सज्जादा-नशीं ख़्वाजा आमिर शाहिद नक़्शबंदी हैं। ख़ुदा उन पर और उन के भाई ख़्वाजा तमीमी इश्क़ी पर अपनी रहमत बरसाए।

ख़्वाजा रुक्नुद्दीन इश्क़ की सूरत ऐसी थी कि उन्हें देखकर आदमी मंत्र-मुग्ध हो जाया करता था और अंदर के हाल का कहना ही क्या। उन्हें भीड़ से नफ़रत और तन्हाई से रग़बत थी। वह हर तरह से अख़्लाक़ी पहलूओं में सबसे ज़्यादा नुमायाँ थे। दोस्त और दुश्मन, सभी पर आपकी नज़र एक समान रहती। रात और दिन नेकी और भलाई का ज्ञान बाँटने के बावुजूद आपने कुछ यादगार किताबें भी लिखीं, जिन में दीवान और कई मस्नवियात हैं।

1. सुल्तान-उल-इश्क़
2. तालीम-उल-ख़ुलफ़ा
3. तज़्किरत-उल-औलिया
4. मक्तूबात
5. शर्ह-ए-मस्नवी
6. अम्वाज-उल-बेहार फ़ी सिर्रिल-अनहार

आदि का नाम लिया जा सकता है। आपके उपदेशों को शोरिश अज़ीमाबादी ने जमा किया था, लेकिन अब ये नायाब है।

आपकी मृत्यु 8 जमादिउल अव्वल सन् 1788 ई. में हुई और आपका मज़ार बारगाह-ए-इश्क़ में मौजूद है। हर साल इसी तारीख़ को बड़े धूम-धाम से आपका उर्स मनाया जाता है।

हुआ लबरेज़ पैमाना हमारा
सलामत रक्खे हक़ इस अंजुमन को

(इश्क़)

ये बात ग़ौर-तलब है कि ख़्वाजा रुक्नुद्दीन इश्क़ अपनी शाइरी से कहीं ज़्यादा बारगाह-ए-इश्क़ की वजह से याद किये जाते हैं।

उनकी शाइरी में सूफ़ियाना और वालिहाना शाइरी का एक अलग रंग है। ख़्वाजा मोहम्मदी ख़ाँ के बेटों की संगत ने जवानी ही से शाइरी का शौक़ आपके अंदर पैदा कर दिया था। इश्क़ की एक ग़ज़ल पढ़िए और उस का लुत्फ़ लीजिए।

उस के चेहरे पे ख़ुदा जाने ये कैसा नूर था
वर्ना ये दीवानगी कब इश्क़ का दस्तूर था

सुर्मा-ए-वह्दत जो खींचा इश्क़ ने आँखों के बीच
जौन सा पत्थर नज़र आया वो कोह-ए-तूर था
पास आने को मेरे बोद-ए-मसाफ़त कुछ न थी
ग़ौर कर देखा तो मैं ही दिल से तेरे दूर था

लग गया ना-गाह उस पर ये तेरा तीर-ए-निगाह
दिल का शीशा जो बग़ल में हम ने देखा चूर था

दिल को तेरे दुख दिया है इश्क़ किन ने हम से कह
शोख़ था बे-बाक था ख़ूँ-ख़्वार था मग़रूर था

उनकी एक रुबाई और शेर का लुत्फ़ उठाइये-

कोई बुत कहते हैं कोई ख़ुदा कहते हैं
हम से जो पूछो तो दोनों से जुदा कहते हैं

दिल के देने के बराबर कोई तक़्सीर नहीं
जो मुझे कहते हैं सो यारो बजा कहते हैं

शेर-

बात करने की नहीं ताक़त शिकायत क्या करूँ
इश्क़ रुख़्सत दे तो शोर-ए-हश्र अब बरपा करूँ

ख़्वाजा रुक्नुद्दीन इश्क़ शाइर थे, मगर रिवायती नहीं बल्कि फ़ितरी शाइर थे। उनकी ग़ज़लों में इश्क़-ए-हक़ीक़ी और रंग-ए-मजाज़ी का निहायत ही दिल-कश इम्तिज़ाज पाया जाता है। वो मजाज़ के पर्दों में ख़ुदा से बात करते हैं और उस के तग़ाफ़ुल के शिकवे के साथ-साथ अपनी महरूमी का इज़हार बड़े पुर-कैफ़ और दर्द-नाक अंदाज़ में करते हैं। दिल में छुपी ये शोरिश उन्हें चैन नहीं लेने देती, जैसे दर्द-मंदी उनकी तक़्दीर बन गई हो।

अपनी तो दर्द-ओ-ग़म ही में गुज़री तमाम उम्र
क्या जाने शाद कौन था ना-शाद कौन था

ख़्वाजा रुक्नुद्दीन इश्क़ तो माशूक़ के इशारे पर चलने के आदी हैं-

ग़लत है इधर या उधर जाएंगे
जिधर तुम चलोगे उधर जाएंगे

मीर तक़ी मीर अपने माशूक़ की लापरवाही से जल कर किसी और से दिल लगाने की धमकी देते हैं-

तुमको तो इल्तिफ़ात नहीं हाल-ए-ज़ार पर
अब हम मिलेंगे और कसू मेहरबान से

लेकिन इधर ख़्वाजा रुक्नुद्दीन इश्क़ का बाँधा हुआ पैमान-ए-वफ़ा, मरते दम तक नहीं टूट सकता-

ता-ज़िंदगी तो मेरे महबूब ही रहे तुम
मेहमाँ हूँ कोई दम का इतना हिजाब क्या

जहाँ एक तरफ़ महबूब की गालियाँ मीर को बद-मज़ा कर देती हैं और वो उस को बे-दिमाग़ कहने से नहीं चूकते-

दीं गालियाँ उन्हीं ने वही बे-दिमाग़ हैं
मैं मीर कुछ कहा नहीं अपनी ज़बान से

वहीं ख़्वाजा रुक्नुद्दीन इश्क़ ऐसी गालियों के जवाब में सिर्फ़ दुआ देते हैं, जो कि एक सूफ़ी ही कर सकता है-

इश्क़-बाज़ी में इवज़ है पर जुदा हैं रस्म से
हम दुआ देते हैं दिल से ये तिरी दुश्नाम सुन

ख़्वाजा रुक्नुद्दीन इश्क़ ख़्वाजा मीर दर्द के हम-तर्ह भी हैं और हम-ख़्याल भी।

ख़्वाजा मीर दर्द कहते हैं -

अर्ज़-ओ-समा कहाँ तिरी वुस्अत को पा सके
मेरा ही दिल है वो कि जहाँ तू समा सके

वहीं ख़्वाजा रुक्नुद्दीन इश्क़ कहते हैं-

अर्श और फ़र्श में गो वो न समावे आशिक़
दिल में रखते हैं उसे और कहाँ रखते हैं

ख़्वाजा मीर दर्द कहते हैं -

शरर-ओ-बर्क़ की सी भी नहीं याँ फ़ुर्सत-ए-हस्ती
फ़लक ने हम को सौंपा काम जो कुछ था शिताबी का

ख़्वाजा रुक्नुद्दीन इश्क़ कहते हैं कि-

आह-ए-शबनम हैं या सबा हैं हम
देखते-देखते हवा हैं हम

ख़्वाजा मीर दर्द कहते हैं की-

जग में आकर इधर उधर देखा
तू ही आया नज़र जिधर देखा

ख़्वाजा रुक्नुद्दीन इश्क़ कहते हैं कि-

अर्श ता-फ़र्श सैर कर देखा
जल्वा-गर तू हुआ जिधर देखा

ख़्वाजा रुक्नुद्दीन इश्क़ ने अपनी ग़ज़लों में हर क़िस्म की बह्र इस्तिमाल की है। उनकी छोटी बहर की ग़ज़लों में रवानी और ज़्यादा है। वहीं उनकी लम्बी बह्रों की ग़ज़लों की रवानी कम है, मगर उनमें दिल-कशी और ग़िनाई कैफ़ियत ज़्यादा है।

मिसाल देखें-

चश्म-ए-बद-दूर यार रखते हैं
एक मसल हज़ार रखते हैं

❀

इश्क़ का मैं पिया हूँ जाम - अक़्ल कहाँ और मैं कहाँ
दूर हुआ है नंग-ओ-नाम - अक़्ल कहाँ और मैं कहाँ

❀

मरने से अगर मिले तो मर चुक
अरमाँ रहे न ये भी कर चुक

❀

तुम सा ही कोई तुम को कहीं क्या नज़र आया
जो इन दिनों आँखों में ये लख़्त-ए-जिगर आया

ख़्वाजा रुक्नुद्दीन इश्क़ के यहाँ शोरा-ए-देहली के रिवायती आशिक़ाना मज़ामीन की कमी नहीं है, मगर इस रिवायत में भी उनकी अलग जल्वा-गरी होती है। वो ख़ुदा से जब पर्दा-ए-मजाज़ में सरगोशियाँ करते हैं, तो उनकी आवाज़ दर्द की आवाज़ से बहुत मिलती है। ऐसा हो भी क्यों न आख़िर इश्क़ भी पैदाइशी देहलवी हैं।

कशिश-ए-हुस्न के बारे में फ़रमाते हैं -

ये हुस्न ये अदा ये निगाहें ये गर्मियाँ
नाम-ए-ख़ुदा कहाँ हैं किसी तर्ह-दार में

वही जब अपनी शाइरी में दम-ए-आख़िरी का ज़िक्र करते हैं, तो वह यूँ होता है-

हिलते थे होंट उस के वक़्त-ए-अख़ीर देखा
ले ही गया ये हसरत-ए-दीदार तक न पहुँचा

उनकी शाइरी में शिद्दत-ए-इंतिज़ार के रंग का नमूना देखिए-

आँखें पथराई मिस्ल-ए-आईना
क्या कहूँ इंतिज़ार की सूरत

ख़्वाजा रुक्नुद्दीन इश्क़ की शाइरी का अस्ल रंग देखने के लिए उनके सूफ़ियाना कलाम देखे जाने चाहिए। जहाँ वो तसव्वुफ़ के पेचीदा मसाइल को शाइर के हुस्न-ए-बयान से जोड़ कर बला का असर दिल में बिठा गए। इस रंग में भी इश्क़, मीर दर्द के हम-नवा नज़र आते हैं।

ख़्वाजा रुक्नुद्दीन इश्क़ के नज़्दीक इश्क़-ए-हक़ीक़ी दुनिया की सबसे बड़ी ताक़त है। इश्क़ कहते हैं कि आसमान से ज़मीन तक और शुरू से आख़िर तक उस इश्क़-ए-हक़ीक़ी का डंका बजता रहता है-

कब ज़बाँ पर आ सके है राज़-ए-इश्क़
गोश-ए-दिल में आती है आवाज़-ए-इश्क़

इश्क़ ने तसव्वुफ़ के भारी-भरकम उलझनों को बड़ी आसानी और रवानी के साथ ढाल दिया है।

ख़्वाजा रुक्नुद्दीन इश्क़ पर हिन्दी में ये पहला काम है जहाँ उन के कलाम को एक जगह पेश किया जा रहा है। हमें उम्मीद है कि सूफ़ी कवियों से दिलचस्पी रखने वाले इसे ज़रूर पढ़ेंगे।

रय्यान अबुलउलाई

क्रम सूची

रुबाई

इश्क़-नामा

हम्द-ओ-ना'त

अहदिय्यत[1] का जब वुरूद[2] हुआ
नूर-ए-वहदत[3] का तब शुहूद[4] हुआ

1 ईश्वर का एक होना 2 आगमन 3 एकत्व की रौशनी
4 प्रत्यक्ष होना

वाहिदिय्यत[1] हुई नुमूद[2] इस पर
ख़ालिक़-ओ-ख़ल्क़[3] का वुजूद[4] हुआ

1 एक होने की हालत 2 प्रकट 3 ईश्वर और सृष्टि
4 मौजूद होना

बाद उस के मिसाल का आलम[1]
उस पे अज्साम[2] फिर फ़ुज़ूद[3] हुआ

1 सूफ़ियों के यहाँ इस संसार के अतरिक्त एक दूसरा
संसार 2 दो से अधिक शरीर 3 बढ़ा हुआ

इतने पर्दे जो ज़ात ने पहने
कोई मोमिन[1] कोई जुहूद[2] हुआ

1 मुसलमान 2 यहूदी

नूर-ए-अहमद[1] ने जब तजल्ली[2] की
सर-बसर[3] ख़ल्क़[4] को ये सूद[5] हुआ

1 हज़रत मोहम्मद की रौशनी, 2 चमक 3 पूरी तरह से
4 लोग 5 फ़ायदा

'इश्क़' आशिक़ हुआ उसी को देख
दिल-ए-नादाँ[1] ब-रंग-ए-ऊद[2] हुआ

1 नासमझ दिल 2 सुगंधित लकड़ी की तरह

है क़ुम-ब-इज़्नी[1] मोजिज़ा[2] जिस के ग़ुलाम का
रुत्बा है वो हमारे अलैहिस-सलाम[3] का

1 मेरे हुक्म से जी उठ 2 चमत्कार 3 उन पर शांति हो यानी ईश्वर की कृपा और दया हे

एजाज़-ए-अंबिया[1] को न कर मुझ से तू बयाँ[2]
अदना[3] मक़ाम है शह-ए-आली-मक़ाम[4] का

1 नबियों का चमत्कार 2 चर्चा 3 छोटे दर्जे का 4 बहुत बड़ी महिमा वाला राजा

मत दस्तरस[1] को पूछ तू शक़्क़-उल-क़मर[2] को देख
जिबरील[3] है बरीद[4] जहाँ के पयाम[5] का

1 पहुँच 2 चाँद का टुकड़ा होना 3 एक प्रसिद्ध देवदूत का नाम
4 संदेशवाहक 5 संदेशा

आयात-ए-बय्यिनात[1] की रम्ज़ें[2] न पाती ख़ल्क़[3]
शारेह[4] अगर न होता वो हक़[5] के कलाम का

1 रौशन दलील वाली आयतें 2 इशारे 3 लोग 4 व्याख्या करने वाला
5 ईश्वर

लैल-ओ-नहार[1] चाहे अगर ख़ूब गुज़रे 'इश्क़'
कर विर्द उस के नाम को तू सुब्ह-ओ-शाम का

1 रात और दिन

❋

मंक़बत

मख़्दूम-ए-जहाँ
हज़रत शैख़ शर्फ़ुद्दीन अहमद यहया मनेरी

बरतर[1] है मिरी फ़िक्र से वो ज़ात है तेरी
करता हूँ अदब से तिरी ख़िदमत में दिलेरी[2]
दरवाज़े का तेरे हूँ गदा[3] भीक दे मेरी
महरूम[4] न कर मेरी तू है साल की फेरी

1 श्रेष्ठ 2 साहस 3 फ़क़ीर 4 नाउम्मीद

या शाह-ए-शरफ़ अहमद-ए-यहया-ए-मनेरी[1]

1 ख़ूबियों का बादशाह

दरवाज़े पे तेरे जो कोई इज्ज़[1] से आवे
अलबत्ता यक़ीं है कि वो महरूम न जावे
क़िस्मत में अगर उस के न हो तो भी वो पावे
तू वो है कि तक़दीर के लिक्खे को बनावे

1 विनम्रता

या शाह-ए-शरफ़ अहमद-ए-यहया-ए-मनेरी

अब हाल पे मेरे भी हो ऐ शाह तरह्हुम[1]
है जोश-ए-ख़ातिर[2] से मिरे दिल पे तलातुम[3]
जो अक़्ल मिरी हो गई अब सर-ब-सर[4] ही गुम
फिर तुझ से सिवा जा करूँ मैं किस से तकल्लुम[5]

1 दया 2 दिल का उबाल 3 लहर 4 पूर्ण रूप से 5 बातचीत

या शाह-ए-शरफ़ अहमद-ए-यहया-ए-मनेरी
कौनैन[1] की लज़्ज़त तू मुझे बख़्श ख़ुदावंद[2]
इस दर्द-ओ-मुसीबत में रहूँ ता-कि तू ता-चंद[3]
है हिर्स-ओ-हवा[4] का ये मिरा दिल तो नज़र-बंद
है बे-ख़बरी बे-ख़बरी मुझ में ख़ुदा-वंद

1 दोनों जगत 2 ईश्वर 3 कब तक 4 लोभ और लालच

या शाह-ए-शरफ़ अहमद-ए-यहया-ए-मनेरी

कलाम

चश्म में ख़ल्क़[1] की गो मिस्ल-ए-हबाब[2] आता हूँ
ऐन[3] दरिया हूँ हक़ीक़त में बहा जाता हूँ

1 लोग 2 बुलबुले की तरह 3 वास्तविक

मानी-ए-नुक़्ता-ए-अनल-हक़[1] को न पूछो मुझ से
ढूँढता हूँ उसे जब आँखों में पा जाता हूँ

1 मैं सत्य हूँ के भेद का अर्थ

कैफ़-ओ-कम[1] मेरे हैं जूँ मौज-ए-हबाब[2]-ओ-दरिया
मुझ से उठते हैं और मैं ही उन्हें खा जाता हूँ

1 हालत 2 दरिया और बुलबुले की लहर

चश्म-ए-ज़ाहिर[1] को अगर बंद करे तो देखे
रंग-बिरंगे को मैं हर रंग में दिखलाता हूँ

1 बाहरी आँखें

शम्अ[1] के तौर जलाता हूँ जिगर आतिश[2] में
सुख़न-ए-इश्क़[3] ज़बाँ अपनी पे जब लाता हूँ

1 दीया 2 आग 3 इश्क़ की बात

❁

उस के चेहरे पे ख़ुदा[1] जाने ये कैसा नूर[2] था
वर्ना ये दीवानगी कब इश्क़ का दस्तूर[3] था

1 ईश्वर 2 चमक 3 परंपरा

सुर्मा-ए-वह्दत[1] जो खींचा इश्क़ ने आँखों के बीच
जौन सा पत्थर नज़र आया वो कोह-ए-तूर[2] था

1 एकत्व का सुर्मा 2 तूर पहाड़

पास आने को मेरे बोद-ए-मसाफ़त[1] कुछ न था
ग़ौर कर देखा तो मैं ही दिल से तेरे दूर था

1 दूरी

लग गया ना-गाह[1] उस पर ये तेरा तीर-ए-निगाह[2]
दिल का शीशा जो बग़ल में हम ने देखा चूर था

1 अचानक 2 आँखों का तीर

दिल को तेरे दुख दिया है 'इश्क़' किन ने हम से कह
शोख़ था बे-बाक[1] था ख़ूँ-ख़्वार[2] था मग़रूर[3] था

1 निडर 2 घातक 3 घमंडी

ग़ज़ल

आँखों को तिरी देखेंगे मय-ख़ाना[1] कहेंगे
होंटों से अगर पूछोगे पैमाना कहेंगे

1 शराब का अड्डा

मौक़ूफ़[1] फ़क़त[2] हम पे नहीं यार इसे सुन
जो तुझ से मिलेगा उसे दीवाना कहेंगे

1 निर्भर 2 केवल

वाबस्ता[1] तिरी ज़ात से बस्ती है जहाँ की
जब तू न हुआ ख़ल्क़[2] में वीराना[3] कहेंगे

1 बँधा हुआ 2 लोग 3 निर्जन स्थान

मरने से तिरे डर के कहीं राज़ को अपने
इस बात पे मरता है तो मर जा न कहेंगे

बदनामी-ए-रोज़ाना[1] है शब-बाशी-ए-बे-जा[2]
कहनी थी जो कुछ कह चुके समझा न कहेंगे

1 हर दिन की बद-नामी 2 बिना मतलब का रत-जगा

ये बात जो है आज दम-ए-नक़्द-ए-अज़ीज़ाँ[1]
इस 'इश्क़' को सुनते हो कल अफ़्साना[3] कहेंगे

1 संबंधियों क़ी आलोचना के समय 3 कहानी

चेहरे पे जो तेरे नज़र कर गया
जान से वो अपनी गुज़र कर गया

जिस की तरफ़ से तिरी आँखें फिरीं
अश्क[1] के मानिंद[2] सफ़र कर गया

1 आँसू 2 जैसा

मुँह को दिखा अपने वो ख़ुर्शीद-रू[1]
शाम-ए-ग़रीबाँ[2] को सहर[3] कर गया

1 सूरज जैसे चेहरे वाला 2 मुसीबत और बेकसी की शाम
3 सवेरा

जो कोई बैठा तिरे कूचे[1] में आ
उठ न सका यारो वो मर कर गया

1 गली

जिस की नज़र 'इश्क़' के ऊपर पड़ी
चश्म[1] के तईं[2] अपनी वो तर[3] कर गया

1 आँख 2 लिए 3 गीला

कोई बुत कहते हैं और कोई ख़ुदा[1] कहते हैं
हम से जो पूछो तो दोनों से जुदा कहते हैं

1 ईश्वर

दर्द से लख़्त-ए-जिगर[1] आँखों में ला कहते हैं
हँस के कहता है तमर्रुद[2] उसे क्या कहते हैं

1 कलेजे का टुकड़ा 2 अवज्ञा

दिल के देने के बराबर कोई तक़्सीर[1] भी है
जो मुझे कहते हैं यारो सो बजा[2] कहते हैं

1 दोष 2 ठीक

बात है एक समझने में तफ़ावुत[1] टुक[2] है
कुफ़्र-ओ-इस्लाम[3] को नादाँ ही जुदा कहते हैं

1 अंतर 2 ज़रा सा 3 धर्म और अधर्म

एक दिन दर्द से बेताब हो उस से ये कहा
इस तग़ाफ़ुल[1] को ग़लत-कार[2] वफ़ा कहते हैं

1 लापरवाही 2 ग़लती करने वाला

जिस के दिल को लगी हो सो ही तो समझे वर्ना
इश्क़ को कोई बुरा कोई भला कहते हैं

दिल-ए-दीवाना अगर क़ाबिल-ए-दीदार[1] न था
उन शिकस्तों[2] के भी लाएक़ तू मिरे यार न था
1 देखने लायक़ 2 नुक़्सान

ज़र्द[1] इन आँखों के आगे नहीं नर्गिस ये फ़क़त[2]
कौन ख़ुश-चश्म[3] तिरी चश्म[4] का बीमार न था
1 पीला 2 सिर्फ़ 3 ख़ूबसूरत आँखों वाला 4 आँख

मैं तो दीवाना न था ढूँढता जो झाड़ पहाड़
कौन सी शय[1] थी जहाँ शोला-ए-दीदार न था
1 चीज़

किस जफ़ा-कार[1] को दिल तू ने दिया ग़ौर तो कर
और दुनिया में मगर कोई तरह-दार[2] न था
1 ज़ालिम 2 छैल-छबीला

साफ़ शिकस्ती[1] का बयाँ उस के कहाँ तक कीजे
तीर ऐसा कोई था सीना के जो पार न था
1 घायल

'इश्क़' ही हम को सताता है हमारा यारो
वर्ना माशूक़[1] कभी दर[2] पय-ए-आज़ार[3] न था
1 प्रेमी 2 द्वार 3 बीमार

❁

लबरेज़[1] है आतिश[2] से पैमाना मोहब्बत का
कौन इस को पिए साक़ी[3] दीवाना मोहब्बत का

1 भरा हुआ 2 आग 3 शराब पिलाने वाला

जिब्रील[1] की ताक़त क्या जो गिर्द फिरे उस के
जिस शम्अ[2] पे जलता है परवाना मोहब्बत का

1 एक प्रसिद्ध देवदूत का नाम 2 चराग़

मशहूर हुए क़िस्से उस शख़्स[1] के आलम में
दिल दे के सुना जिस ने अफ़्साना मोहब्बत का

1 व्यक्ति

कौनैन[1] में जो कुछ है सो उस में समाया है
कब अर्श[2] से छोटा है काशाना[3] मोहब्बत का

1 लोक और परलोक 2 सब आस्मानों से ऊपर का स्थान 3 आशियाँ

उस काफ़िर-ए-बे-दीं[1] की क्या बात कहे कोई
काबा[2] को बना डाला बुत-ख़ाना[3] मोहब्बत का

1 काफ़िर 2 मक्के में स्थित मुसलमानों का पवित्रतम धर्मस्थल जहाँ मुसलमान लोग हज करने जाते हैं 3मंदिर

इस जिस्म से वाँ जाना है 'इश्क़' बड़ी मुश्किल
अफ़्लाक[1] से बाला-तर[2] है मय-ख़ाना[3] मोहब्बत का

1 आकाश समूह 2 उच्चतर 3 शराब का अड्डा

भले-बुरे पर किसी के तुझे नज़र भी है
हुआ न ख़ौफ़-ए-जहाँ[1] कुछ ख़ुदा[2] का डर भी है

1 दुनिया का डर 2 ईश्वर

जफ़ा-ओ-जौर[1] कहाँ तक ख़ुदा से डर ज़ालिम
सिवा-ए-दिल-शिकनी[2] और कुछ हुनर भी है

1 ज़ुल्म और ज़्यादती 2 दिल तोड़ने के सिवा

सितम-ज़रीफ़[1] न हो इस क़दर ग़रीबों से
हर एक चीज़ का आख़िर को कुछ समर[2] भी है

1 जो हँसी-हँसी में अत्याचार करे 2 फल

हमेशा कूचे[1] में दिन-रात शोर करता है
कोई तो पूछो कि ख़ाना-ख़राब[2] घर भी है

1 गलियाँ 2 बदनसीब

नहीं हैं लाल-ओ-गुहर[1] पास मेरे गो[2] लेकिन
जिगर के टुकड़े हैं और यार-ए-चश्म-ए-तर[3] भी है

1 क़ीमती रत्न और मोती 2 चाहे 3 भीगी आँख

दिल-ए-ग़रीब[1] का अहवाल[2] पूछते हो क्या
चढ़ी है 'इश्क़' की तप और दर्द-ए-सर[3] भी है

1 ग़रीब का दिल 2 हाल-चाल 3 सर का दर्द

जा-ब-जा[1] तुम बैठने उठने लगे जिस-तिस के पास
कौन कहता है कहाँ किस वक़्त किस दिन किस के पास

1 हर जगह

नाम अगर मंज़ूर हो तो ये हुनर[1] पैदा करो
इम्तियाज़[2] अख़्लाक़[3] अदब दिल-जूईयाँ[4] मज्लिस[5] के पास

1 कला 2 फ़र्क़ करना 3 आचरण 4 ढाढस 5 सभा

लज़्ज़तें[1] दोनों जहानों[2] की हुईं उस को नसीब
माह-रू[3] सीमीं-बदन[4] ग़ुंचा-दहन[5] हो जिस के पास

1 मज़े 2 संसार 3 चाँद-जैसे मुंह वाला 4 चाँदी-जैसे शरीर वाला 5 सुंदर और छोटे मुँख वाला

अहल-ए-सर्वत[1] हैं जो रखते हैं ये दौलत याँ कहाँ
दाग़-ए-दिल टुकड़े जिगर ग़म दर्द अलम[2] मुफ़्लिस[3] के पास

1 अमीर आदमी 2 दुख 3 कंगाल

'इश्क़' जावे कौन घर इस के ब-जुज़[1] मुंकिर-नकीर[2]
बे-ज़बाँ बे-गोश[3] बे-दिल बे-सुख़न[4] बे-हिस के पास

1 सिवा 2 दो फ़िरिश्ते जो मुसलमानों के मतानुसार क़ब्र में मृतकों से पूछताछ करते हैं 3 बग़ैर कान के 4 बग़ैर बात के

❀

ज़ाहिद[1] कहूँ क्या तुझ से कि हूँ अब मैं किधर का
आफ़त-ज़दा[2] हूँ यार इधर का न उधर का

1 धर्म-परायण व्यक्ति 2 मुसीबतों का मारा हुआ

किस तौर दिल उस ख़ंजर-ए-मिज़्गाँ[1] की सिपर[2] हो
मक़्दूर[3] जहाँ हो न क़ज़ा[4] का न क़दर का

1 पलकों का ख़ंजर 2 ढाल 3 काबू, वश 4 क़िस्मत

गुलज़ार[1] में दुनिया के हूँ जो नख़्ल-ए-भुचम्पा[2]
ख़्वाहिश न समर[3] की न मियाँ ख़ौफ़ क़हर[4] का

1 बाग़ 2 भुचम्पा का पेड़ 3 फल, मेवा 4 क्रोध

मैं हाथ में हूँ बाद[1] के मानिंद[2]-ए-पर-ए-काह[3]
पाबंद न घर का हूँ न मुश्ताक़[4] सफ़र का

1 हवा 2 तरह 3 घास की पत्ती 4 उत्सुक

उस से जो किया 'इश्क़' का मज़कूर[1] किसी ने
बोला कि अबस[2] ज़िक्र है उस ख़ाक-बसर[3] का

1 उल्लेख 2 बेकार 3 धूल उड़ाता हुआ

❁

पहुँचा है जब से इश्क़ का मुझ को सलाम-ए-ख़ास[1]
दिल के नगीं[2] पे तब से ख़ुदाया है नाम-ए-ख़ास

1 ख़ास सलाम 2 अँगूठी का नग जिस पर नाम आदि खुदा रहता है

फूले नहीं समाते हो जामा[1] में मिस्ल-ए-गुल[2]
पहुँचा है तुम को आज कसो का पयाम-ए-ख़ास

1 पहनावा 2 फूलों की तरह

फिर गिर्द उस के ज़ौक़ से ऐ मुर्ग़-ए-जाँ[1] तू सुन
फिर क़स्द[2] बैठने का न कीजो है नाम-ए-ख़ास

1 रूह 2 इच्छा

कर क़त्ल शौक़ से मैं तसद्दुक़[1] हुआ हुआ
सरकार नहीं है फ़िक्र जो हुआ इंतिज़ार-ए-ख़ास

1 न्योछावर

इस पर निगाह लुत्फ़ की या-शाह[1] है ज़रूर
मशहूर है जहाँ में ये तेरा ग़ुलाम-ए-ख़ास

1 ऐ मालिक

मानिंद-ए-कोहकन[1] के वो सर चीर मर गया
जिन ने सुना है 'इश्क़' वो शीरीं[2] कलाम-ए-ख़ास

1 पर्वत खोदने वाले की तरह 2 मीठा

❀

क्या पूछते हो मुझ से कि क्यूँ तू ने रो दिया
दिल ने किया था जम्अ[1] सो आँखों ने खो दिया

1 इकट्ठा

दिल को अगर-चे दाग़ दिया या जिगर को ज़ख़्म
मैं ने ब-जाँ क़ुबूल किया उस ने जो दिया

था ख़ानदान-ए-चश्म[1] तो रौशन जहाँ के बीच
ऐ तिफ़्ल-ए-अश्क[2] तू ने ये घर ही डुबो दिया

1 आँखों का ख़ानदान 2 आँसुओं की बूंदें

आगे मियाँ! नसीब है सर-सब्ज़[1] हो न हो
दिल की ज़मीं में तुख़्म-ए-मोहब्बत[2] तो बो दिया

1 हरा-भरा 2 प्रेम का बीज

दिल और जान देने में तक़्सीर[1] कुछ न की
'इश्क़' उस ने जो तलब[2] किया ना-चार सो दिया

1 कोताही 2 इच्छा

करता हूँ अब के बार मैं तौबा[1] से तौबा यार
किस वास्ते कि टूटी है तौबा हज़ार बार

1 पश्चाताप

जल ही गया फ़िराक़[1] तू आतिश[2] से हिज्र[3] की
आँखों में मेरी रह न सका यारो इंतिज़ार

1 बिछड़ना 2 आग 3 वियोग

बर्बाद मेरी ख़ाक[1] हुई वाँ न ले गई
दिल में मिरे रहेगा सबा[2] से यही ग़ुबार[3]

1 मिट्टी 2 पूर्वी हवा 3 धूल

मरहम लगा न दाग़ को जर्राह मेहर कर
ये दाग़-ए-ताज़ा मेरे किसी की हैं यादगार

चलता हूँ राह-ए-इश्क़[1] में आँखों से मिस्ल-ए-अश्क[2]
फूटें कहीं ये आबले सर-सब्ज़[3] होवें ख़ार[4]

1 इश्क़ के रास्ते में 2 आँसू की तरह 3 हरा-भरा 4 अपमानित

आतिश से गुल[1] की दाग़ मगर 'इश्क़' खाए थे
आई जो पेशवा[2] तुझे लेने को नौ-बहार[3]

1 फूल 2 सरदार 3 नया मौसम

दिल ले के पूछते हो कि दिल-दार कौन है
हम किस तरह कहें कि तरह-दार[1] कौन है

1 शौक़ीन, छैल-छबीला

वीरान[1] दिल को देखते हैं दम-ब-दम[2] फ़ुज़ूँ[3]
मक़्दूर[4] क्या है कहिए सितम-गार[5] कौन है

1 सुनसान 2 पल-पल 3 अधिक 4 ताकत 5 अत्याचारी

कहता है फ़ह्म[1] ज़ाहिर-ओ-मज़हर[2] तो एक है
फिर कहिए इस जहाँ में नुमू-दार[3] कौन है

1 बुद्धि 2 प्रकट और प्रकट होने का स्थान 3 प्रकट

बख़्शे जो दिल की ज़िंदगी और मुस्तमे[1] को दीद[2]
ऐसे कलाम-ए-पाक[3] से बे-ज़ार[4] कौन है

1 सुनने वाला 2 देखने वाला 3 क़ुरान 4 नाराज़

बे-दस्त-ओ-पाँव[1] जाते हैं लाखों ही जिस के साथ
बारे कहो ये क़ाफ़िला-सालार[2] कौन है

1 ब-ग़ैर हाँथ पाँव के 2 यात्रियों के समूह का सरदार

रिन्दी-ओ-मस्ती[1] शौक़ से कर 'इश्क़' हम से सुन
जब वो हुआ ग़फ़ूर[2] गुनह-गार कौन है

1 शराबी और नशा 2 दयालु

दिल को जब पहले ही खो बैठे हैं हम
इतने तब बे-फ़िक्र हो बैठे हैं हम

जुस्तुजू[1] दिल की तू सीने में न कर
मुद्दतें गुज़रीं कि रो बैठे हैं हम
1 खोज

उट्ठें उस के दर से ये मुम्किन नहीं
सर को चाहो काट लो बैठे हैं हम

दर्द-ए-दिल[1] को तुम सुनो या मत सुनो
दाद दिल की दो न दो बैठे हैं हम
1 दिल का दर्द

इश्क़ में साबित-क़दम[1] रक्खे ख़ुदा[2]
जो कुछ अब होनी है हो बैठे हैं हम
1 स्थिर 2 ईश्वर

दीन-ओ-ईमाँ[1] और दिल-ओ-जाँ राएगाँ[2]
'इश्क़' क्या क्या अपना खो बैठे हैं हम
1 धर्म और ईमान 2 बेकार

किस की बस्ती है कौन बस्ता है
कर्बला[1] जिस के घर का रस्ता है

1 इराक़ का एक प्रसिद्ध स्थान जहाँ हजरत इमाम हुसैन शहीद हुए थे

फ़ैज़-ऐ-बाराँ[1] से है तबस्सुम-ए-गुल[2]
जब मैं रोता हूँ यार हँसता है

1 बारिश का उपकार 2 फूलों की मुस्कुराहट

साक़ी[1] इस दौर में रहूँ मख़्मूर[2]
जाम दे जाम-ए-दिल तरसता है

1 शराब पिलाने वाला 2 मस्त

संग काबा[1] के क़ीमती हैं क्या
फ़ख़्र[2] ये है कि यार बस्ता है

1 काबे का पत्थर 2 गर्व

इश्क़ में 'इश्क़' ये हुआ हासिल
अब्र-ए-मिज़्गाँ[1] से ख़ूँ बरसता है

1 भवों के बादल

हम जिस को यारो अपना माबूद[1] जानते हैं
कौनैन[2] में उसी को मौजूद जानते हैं

1 ईश्वर 2 लोक और परलोक

आदम वो है फ़रिश्ते[1] करते हैं जिस को सज्दे
मुंकिर[2] को उस के हम तो मरदूद जानते हैं

1 देव-दूत 2 इंकार करने वाले

इस्बात[1] उस की हस्ती हर चीज़ में हुई जब
नफ़ी[2] में अपनी अपनी बहबूद[3] जानते हैं

1 साबित करना 2 नकारना 3 भलाई

शानें उसी की सब हैं ग़ैर-ओ-सिवा[1] कहाँ है
इस वास्ते सभों को मस्जूद[2] जानते हैं

1 उसके अतिरिक्त 2 ईश्वर

उन पर खुली हैं रम्ज़ें[1] असरार-ए-दोजहाँ[2] की
जो ऐब[3] और हुनर को महमूद[4] जानते हैं

1 भेद 2 दोनों जगत का भेद 3 ख़राबी 4 प्रशंसित

बूद[1] उन की है हमेशा ऐ इश्क़ हम से सुन ले
जो मा-सिवा[2] को उस के ना-बूद[3] जानते हैं

1 अस्तित्व 2 उसके अतिरिक्त 3 अस्तित्वहीन

मुझ को बेगाना समझते हो इलाही[1] अब तक
बात जो करते हो तुम वाही-तबाही अब तक
1 ईश्वर

दिल तो बे-ज़ार[1] जफ़ाओं[2] से तिरे फिरता है
रब्त जाता हूँ लिए ख़्वाही न-ख़्वाही[3] अब तक
1 निराश 2 ज़्यादती 3 बिना किसी कारण के

कैफ़िय्यत कैफ़[1] की छुपती है छुपाते हो अबस[2]
चश्म[3] मय-ख़्वारी[4] पे देती हैं गवाही अब तक
1 मस्ती 2 बेकार 3 आँख 4 शराब पीना

रात रहते हो कहीं दिन को कहीं फिरते हो
तिस पे है देखने की हम को मनाही[1] अब तक
1 रोक

क़त्ल के वक़्त कहा मुझ से दम-ए-ख़ंजर[1] ने
'इश्क़' शाबाश तुझे किस से निबाही अब तक
1 ख़ंजर की धार

जाते हुए दम को भला रोके कोई कब तक
आना है तो आ जा कि नफ़स[1] बाक़ी है अब तक

1 साँस

आता है नज़र हाल बुरा दम-ब-दम[1] इस का
बचने का नहीं सुनते हो बीमार ये शब तक

1 पल-पल

कौनैन[1] से क्या काम है दीवाने को तेरे
आराम न हो उस को तुझे देखे न जब तक

1 लोक और परलोक

डरता नहीं मैं मोहतसिब[1] और शैख़ से मुल्ला
सुनता है मिरा शोर-ए-जुनूँ पहुँचा है सब तक

1 हिसाब मांगने वाला

पहुँची है यहाँ ज़ोफ़[1] से ये 'इश्क़' की हालत
जो साँस यका-यक[2] नहीं आ सकती है लब तक

1 कमज़ोरी 2 अचानक

ज़िंदगी की बहार तुझ से है
जो कुछ है मुझ को यार तुझ से है

हाथ से उस के एक दम न चले
ये गिला तेग़-ए-यार[1] तुझ से है

1 महबूब की तलवार

किसी से इश्क़ को नहीं मतलब
एक हो या हज़ार तुझ से है

मुझ को बदनाम तू न कर ज़ालिम
जब्र या इख़्तियार[1] तुझ से है

1 अधिकार

हाथ मेरे हैं मुफ़्त में बदनाम
जेब ये तार-तार[1] तुझ से है

1 टुकड़े-टुकड़े

और की बात तो ख़ुदा[1] जाने
'इश्क़' का कारोबार तुझ से है

1 ईश्वर

बिन तिरे ये दर्द-ओ-ग़म किस से कहें
तू नहीं सुनता है हम किस से कहें

एक दो बातें जो हों कोई सुने
दिल की ख़्वाहिश दम-ब-दम[1] किस से कहें

1 पल-पल

चाहता है तू अगर मुझ से न मिल
तू ही कह ये अब सितम किस से कहें

बेशतर[1] है जौर[2] और है मेहर कम
आह दिल ये बेश-ओ-कम[3] किस से कहें

1 अधिक्तर 2 अत्याचार 3 लगभग

दिल समझता ही नहीं दुख को तिरे
'इश्क़' बिन ऐ चश्म-ए-नम[1] किस से कहें

1 नम आँखें

बातें बना न इतनी ज़ाहिद[1] तू बैठ जा कर
पाया है उस सनम को हम ने ख़ुदा[2] ख़ुदा कर

1 गुनाहों से दूर रहने वाला 2 ईश्वर

जौर-ओ-जफ़ा[1] उठा कर तेग़-ए-सितम[2] को खा कर
बाँका तुझे बनाया अब इश्क़ को दुआ कर

1 उत्पीड़न और ज़्यादती 2 अत्याचार की तलवार

दिल दर्द से तू ख़ूगर[1] मत हँस के हो परेशाँ
ग़ुंचा ने कुछ भी पाया गुलशन में खिलखिला कर

1 आदी

नासेह तू सई[1] अपनी ज़ाए[2] न कर बुताँ[3] से
दिल तो जुदा न होगा हाँ सर को ले जुदा कर

1 कोशिश 2 बेकार 3 महबूब

रौशन चराग़-ए-उल्फ़त[1] सीना में 'इश्क़' के था
कुछ हाथ तेरे आया ज़ालिम उसे बुझा कर

1 प्रेम का दीपक

क्या पूछते हो मुझ से कहाँ मैं कहाँ की बात
ग़ुंचों[1] के मुँह तलक तो है उस के वहाँ की बात
1 कोंपल

कुछ गोश-ज़द[1] हुई है तो उस की हमें कभी
सुनता है कौन कहते हो किस से जहाँ की बात
1 कानों में पड़ी हुई बात

ये मीठी-मीठी बातें नमक-रेज़[1] दिल पे हैं
अपने लिए मैं सुनता हूँ शोर-ओ-फ़ुग़ाँ[2] की बात
1 नमक छिड़कने वाला 2 चीख़-पुकार

सरगोशी[1] उन अज़ीज़ों[2] की ख़ाली नहीं है यार
पहुँची है उन के कानों में कुछ इम्तिहाँ की बात
1 कानाफूसी 2 दोस्त

ग़ुंचों के मुँह से फूल झड़ें गो सुख़न[1] के बीच
लज़्ज़त जुदा ही रखती है उस की ज़बाँ की बात
1 बात

ख़ातिर-निशाँ[1] हमारे किसी तर्ह से न हो
जब तक कहे न 'इश्क़' कोई बे-निशाँ की बात
1 बात का दिल में बैठ जाना

❁

जहाँ[1] में इश्क़ का सुनते हैं रौला
कहीं देखा है तुम ने मेरे मौला
1 दुनिया

अरे दिल इश्क़ से बेज़ार[1] हो तू
जहाँ में मस्त है अब सब से औला[2]
1 निराश 2 श्रेष्ठ

नहीं मिलता किसी के साथ ये दिल
इलाही[1] किस तरह का है ये डोला
1 ईश्वर

न हम-संग हो सका आँसू के गौहर[1]
मोहब्बत की तराज़ू में जो तौला
1 मोती

लगाई आग किस ने मेरे दिल में
जो इन आँखों में ये पानी है खौला

तिरे कूचे[1] में क्या क़ुदरत[2] जो आवे
दहन[3] से गो[4] निकाले 'इश्क़' ढोला
1 गलियाँ 2 ताक़त 3 मुँह 4 अगरचे

जितने वो मेहरबान[1] होते हैं
उतने ही बद-गुमान[2] होते हैं

1 दयावान 2 संदेह करने वाला

एवज़-ए-जाँ[1] अगर मिलें हैं मुफ़्त
ख़ूब-रू[2] जान-ए-जान होते हैं

1 जान का बदला 2 महबूब 3 दुनिया की जान

आह-ओ-नाला[1] को तू न कर बदनाम
आशिक़ी के निशान होते हैं

1 रोना पीटना

चौक-ओ-बाज़ार में जहाँ देखा
तेरे मेरे बयान[1] होते हैं

1 चर्चा

भागते हैं जहाँ से ज़ोर-आवर
वाँ खड़े ना-तवान[1] होते हैं

1 कमज़ोर

'इश्क़' कुछ दिल में तू बुरा मत ला
इस में औरों को कान होते हैं

दो घूँट पीवे शैख़[1] अगर तू शराब के
उठ जाएँ यक-ब-यक[2] अभी पर्दे हिजाब[3] के

1 मुर्शिद 2 अचानक 3 शर्म

लोहू[1] के आँसुओं से रुलाता है दम-ब-दम[2]
गुन पूछते हो क्या दिल-ए-ख़ाना-ख़राब[3] के

1 ख़ून 2 पल-पल 3 लुटा हुआ दिल

परतव जो तेरे चेहरे का दरिया में जा पड़ा
रोते ही रोते बह गए दीदे हबाब[1] के

1 पानी का बुलबुला

इस माह-रू[1] के मेहर[2] पर मग़रूर[3] तू न हो
चक्खे नहीं मज़े अभी दिल के कबाब के

1 चांद की तरह ख़ूबसूरत 2 मोहब्बत 3 घमंडी

ख़ूबाँ[1] से 'इश्क़' चुन लिया अपने हरीफ़[2] को
दीवाने क्यूँ न होवें तिरे इंतिख़ाब[3] के

1 माशूक़ 2 प्रतिद्वंद्वी 3 चयन

काबा[1] में फिर दैर[2] मिला था मकाँ मुझे
लाया है इश्क़ खींच कहाँ से कहाँ मुझे

1 मक्के में स्थित मुसलमानों का पवित्रतम धर्मस्थल जहाँ मुसलमान लोग हज करने जाते हैं 2 मंदिर

आलम[1] के नेक-ओ-बद[2] से किसी को नहीं है काम
देती नहीं है चैन ये मेरी ज़बाँ मुझे

1 दुनिया 2 बुरा भला

क्या ज़िंदगी जो यार जुदा हुए यार से
वाँ तुझ को तान[1] करते हैं और यार याँ मुझे

1 कटाक्ष

आगे तो क़द्र-दानी[1] पे मुशफ़िक़[2] मिरी न थी
हँस हँस के अब जो कहते हो तुम मेहरबाँ मुझे

1 गुण की परख 2 दयालु

रंज-ए-फ़िराक़-ओ-सोज़िश-ए-दिल[1] और ख़याल-ए-रश्क[2]
जुज़[3] वस्ल[4] चैन क्यूँ के हो ऐ दोस्ताँ मुझे

1 जुदाई का दुःख और दिल की जलन 2 महबूब का ध्यान 3 सिवा 4 मिलन

ये आरज़ू है मेरी कि ऐ 'इश्क़' पेश-ए-मर्ग[1]
अपना निशाँ तो दीजियो ऐ बे-निशाँ मुझे

1 मौत से पहले

यार है ज़ोर-आज़माई[1] पर
दिल भी हाज़िर है जाँ-फ़िदाई[2] पर

1 शक्ति परीक्षण 2 जान न्योछावर करना

आईना आब-आब[1] होता है
तेरे रुख़्सार[2] की सफ़ाई पर

1 पानी-पानी 2 चेहरा

फ़िक्र-ए-सय्याद[1] भूल कर बुलबुल
फूली अब गुल की आश्नाई[2] पर

1 शिकारी की चिंता 2 दोस्ती

नाश-ए-मक़्तूल[1] पर नहीं ये हुजूम
धूम है जो कफ़-ए-हिनाई[2] पर

1 मृतक की लाश 2 मेहंदी लगी हथेली

जी निकलता है 'इश्क़' का यारो
ख़ूब-रुओं[1] की ख़ुद-नुमाई[2] पर

1 हसीनों 2 आत्मा-प्रदर्शन

कभी शीशा की तरह दिल ने रुलाया मुझ को
जाम के तौर कभी उस ने हँसाया मुझ को

ज़ुल्म और जौर-ओ-जफ़ा[1] हक़ में मिरे ख़ूब नहीं
पहले है मेहर-ओ-मोहब्बत[2] से बुलाया मुझ को

1 ज़ुल्म और ज़्यादती 2 प्रेम और दया

और सब बातें हैं ये बात हुई है तहक़ीक़[1]
जिन ने पाया है तुझे उन ने है पाया मुझ को

1 जाँच-पड़ताल

क्यूँ कि शाकी[1] हूँ मोहब्बत का जिला तुम ही कहो
जो जो आता था न मुझ को सो सिखाया मुझ को

1 शिकायत करने वाला

'इश्क़' एहसान फ़लक[1] का करूँ मैं क्यूँ के बयाँ
कूचा-ए-यार[2] में ले जाके बिठाया मुझ को

1 आकाश 2 महबूब की गलियाँ

मर ही गए जफ़ाओं[1] से क़ातिल तड़प-तड़प
मैं क्या कि और कितने ही बिस्मिल[2] तड़प-तड़प

1 ज़ुल्म, ज़्यादती 2 ज़ख़्मी

पिंजड़े को तोड़ सीने के ये मुर्ग़-ए-दिल[1] मिरा
निकलेगा कोई दम ही में ग़ाफ़िल[2] तड़प-तड़प

1 दिल का परिंदा 2 बेपरवाह

कहते हैं इज़्तिराब[1] है तेरा पसंद यार
आराम-ओ-सब्र भूल जा घायल तड़प-तड़प

1 बेचैनी

मैं किस रविश[1] से तुम कहो ममनून-ए-दिल[2] न हूँ
पहुँचा दिया है उन ने ब-मंज़िल[3] तड़प-तड़प

1 प्रकार 2 दिल से आभारी 3 मंज़िल तक

आराम-ए-ज़िंदगी तो गया मुद्दतों से 'इश्क़'
देखें फिर आगे क्या करे ये दिल तड़प-तड़प

न वफ़ा से न है जफ़ा[1] से ग़रज़
सिर्फ़ है मुझ को बे-वफ़ा से ग़रज़
2 अत्याचार

ख़ाक[1] को वो उड़ा के पहुँचावे
ता-चमन[2] इतनी है सबा[3] से ग़रज़
1 मिट्टी 2 बाग़ तक 3 पूर्वी हवा

बे-ग़रज़[1] दोस्त जो जहाँ[2] में हैं
कब वो रखते हैं आश्ना[3] से ग़रज़
1 निःस्वार्थ 2 दुनिया 3 दोस्त

ख़ून-ए-दिल[1] ही हमारा काफ़ी है
छोड़ यक-मुश्त[2] तू हिना[3] से ग़रज़
1 दिल का ख़ून 2 बिल्कुल 3 मेहंदी

इल्तिजा[1] ग़ैर से न कर तू 'इश्क़'
कह जो कुछ तुझ को हो ख़ुदा[2] से ग़रज़
1 निवेदन 2 ईश्वर

काफ़िर-ए-इश्क़[1] को यारो नहीं इस्लाम से काम
गर्दिश-ए-चश्म[2] से मतलब है नहीं जाम से काम

1 इश्क़ को ठुकराने वाला 2 आँख का इशारा

दम ग़नीमत वो समझता है जो याँ आक़िल[1] है
है वो ग़ाफ़िल[2] जिसे आग़ाज़[3] और अंजाम से काम

1 बुद्धिमान 2 बेपरवाह 3 शुरुआत

हुस्न-ए-मुत्लक़[1] ने मुक़य्यद[2] किया तक़लीद[3] के बीच
किस तरह दिल को न हो उस बुत-ए-ख़ुद-काम[4] से काम

1 परम सौंदर्य 2 क़ैदी 3 अनुसरण 4 स्वार्थी प्रेमी

दैर-ओ-काबा[1] से सनम तू ही है मक़्सूद[2] मुझे
इस सबब दिल को नहीं कुफ़्र और इस्लाम से काम

1 मंदिर और काबा 2 आशय

'इश्क़' के क़त्ल को अबरू ही तिरे काफ़ी हैं
उस को हरगिज़ नहीं क़ातिल किसी समसाम[1] से काम

1 तेज़ तलवार

तुझे क्या कहूँ मैं कहाँ देखता हूँ
तुझे देखता हूँ जहाँ देखता हूँ

दिया जब से आँखों में कुहल-ए-मोहब्बत[1]
जो कुछ था निहाँ[2] सो अयाँ[3] देखता हूँ
1 प्रेम का सुरमा 2 अस्पष्ट 3 स्पष्ट

बयाँ की न ताक़त न शिकवे की क़ुदरत
दिखाते हो जो कुछ मियाँ देखता हूँ

अदम[1] को वुजूद[2] और वुजूद इस अदम को
मकाँ ही में मैं ला-मकाँ[3] देखता हूँ
1 मौजूद न होना 2 अस्तित्व 3 बिना स्थान का

सिवा दैर-ओ-काबा[1] में ढूँढूँ किधर मैं
न याँ[2] देखता हूँ न वाँ देखता हूँ
1 मंदिर और काबा 2 यहाँ

कहूँ तुझ से क्या 'इश्क़' हालत मैं अपनी
कि हर शय[1] में अपना निशाँ देखता हूँ
1 चीज़

न हम काबा[1] को जाते हैं न दैर ही में भटकते हैं
जहाँ तुम पाँव को रखते हो वाँ हम सर पटकते हैं

1 मक्के में स्थित मुसलमानों का पवित्रतम धर्मस्थल जहाँ मुसलमान लोग हज करने जाते हैं

फ़लक[1] टुक हाथ उठा अपना जफ़ा[2] से पीसता है क्यूँ
हुए हैं ख़ाक[3] तो भी तेरी आँखों में खटकते हैं

1 आकाश 2 अत्याचार 3 मिट्टी

बुतों की सर-कशी[1] और ख़ाक-सारी[2] अपनी क्या कहिए
जो लपटें गर्द हो दामन में दामन को झटकते हैं

1 अवज्ञा 2 अधिक विनम्रता

दिल-ए-पुर-आबला[1] को ढूँढता ज़ुल्फ़ों[2] तलक पहुँचा
हज़ारों ख़ोशा-ए-अंगूर[3] से देखे लटकते हैं

1 छालों से भरा हुआ दिल 2 केश 3 अंगूर का गुच्छा

वो और ही शख़्स[1] हैं जो ख़ौफ़[2] की बातों से डरते हैं
उन्हें जुम्बिश[3] नहीं आती जहाँ आशिक़ अटकते हैं

1 व्यक्ति 2 डर 3 हिलना डुलना

ब-रंग-ए-माह-ओ-ख़ोर[1] दिन-रात घर-घर आते जाते हैं
जहाँ सुनते हैं नाम-ए-इश्क़ वाँ[2] ख़ूबाँ ठिटकते हैं

1 चाँद और सूरज की तरह 2 वहाँ

दम-ब-दम[1] तुझ को याद करते हैं
दिल-ए-ग़मगीं[2] को शाद[3] करते हैं

1 पल-पल 2 दुखी हृदय 3 प्रसन्न

हक़्क़ तआला[1] तिरी मुरादें[2] दे
ये दुआ ना-मुराद[3] करते हैं

1 ईश्वर 2 मन्नतें 3 बदनसीब

उन को कहते हैं साहिब-ए-हिम्मत[1]
हाथ को जो कुशाद[2] करते हैं

1 साहस वाला 2 खोलना

ज़िंदगी तक जुदा[1] नहीं होते
जिस से हम इत्तिहाद[2] करते हैं

1 अलग 2 मेल-जोल

ऐ अली-ए-वली[1] गदा[2] तेरे
बंदा को कैक़ुबाद[3] करते हैं

1 हज़रत अली 2 मांगने वाले 3 बलबन का
उत्तराधिकारी

चोट पर दिल की इश्क़ सुनता है
लाल-ए-लब[1] का ज़िमाद[2] करते हैं

1 लाल होंट 2 लेप

रही ये आरज़ू आख़िर के दम तक
न पहुँचा सर मिरा तेरे क़दम तक

निशाना और ही मंज़ूर है आज
जो तीर उस का नहीं आता है हम तक

फ़लक[1] के पार हुई गो आह हासिल
न पहुँची गो बुनागोश-ए-सनम[2] तक

1 आकाश 2 प्रेमी की कर्णलता

लिखूँ किस तर्ह जो गुज़रे है दिल पर
नहीं आता वो मज़मूँ[1] क़लम तक

1 लेख

परेशाँ बेद-ए-मजनूँ[1] है निकलता
मगर पहुँचा है शोर-ए-दिल[2] अदम[3] तक

1 एक प्रकार का वृक्ष 2 दिल का शोर 3 परलोक

याद आ जाती है जब साक़ी[1] के आ जाने की तर्ह
आँखें भर आती हैं ख़ून-ए-दिल[2] से पैमाने की तर्ह

1 शराब पिलाने वाला 2 दिल का ख़ून

गरचे कैफ़ियत[1] ख़ुशी में उस की होती है दो-चंद[2]
पर क़यामत लुत्फ़[3] रखती है ये झुँझलाने की तर्ह

1 हालत 2 ज़्यादा 3 आनंद

हिज्र[1] के सदमे न खींचे उन ने बुलबुल की मिसाल
और ही सूझी थी परवाने को जल जाने की तर्ह

1 अकेलापन

क्यूँ अबस[1] खाता है बल नासेह[2] नहीं छुटने का दिल
चाक-चाक[3] हो कर फँसा है ज़ुल्फ़[4] में शाने की तर्ह

1 बेकार 2 उपदेशक 3 टुकड़े-टुकड़े 4 केश

लज़्ज़त-ए-दीं ग़ाफ़िलों[1] को क़ासिम-ए-हुशियार[2] ने
'इश्क़' की क़िस्मत हुई दुनिया में ग़म खाने की तर्ह

1 बेपरवाह 2 हज़रत मोहम्मद

❀

अर्श-ता-फ़र्श[1] सैर कर देखा
जल्वा-गर[2] तू हुआ जिधर देखा

1 ज़मीन से आसमान तक 2 प्रकट

चश्म-ए-तहक़ीक़[1] से जहाँ ढूँडा
गब्र[2] हूँ तुझ सिवा अगर देखा

1 विश्वास की आँख 2 पारसी

क़शरियों[1] की समझ पे हैराँ हूँ
दूसरा है कहाँ किधर देखा

1 एक फ़िर्क़ा

तीर के नाम पर तड़पता है
इस तरह का कहीं जिगर देखा

ख़बर उस की को किस से पूछूँ मैं
जिस को देखा सो बे-ख़बर[1] देखा

1 नासमझ

टुक एक इंसाफ़[1] से अगर देखो
'इश्क़' सा कोई चश्म-ए-तर[2] देखा

1 न्याय 2 नम आँखें

❀

फूले है गरचे बाग़[1] में बुलबुल हज़ार शाख़[2]
उस सर्व-क़द[3] को देखे तो हो शर्मसार शाख़

1 बाग़ीचा 2 टहनी

दो दिन के बर्ग-ओ-बार[1] पर बुलबुल न कर ग़ुरूर[2]
आख़िर ख़िज़ाँ[3] में होएगी जूँ चोबदार[4] शाख़

1 फल और पत्ते 2 घमंड 3 पतझड़ का मौसम 4 दरबान

लूटेगा सब बहार तिरी शहना-ए-ख़िज़ाँ[1]
बुलबुल पर कर ले तू ज़र-ए-गुल[2] को निसार[3] शाख़

1 पतझड़ के मौसम का संरक्षक 2 फूल के अंदर का ज़ीरा 3 न्योछावर

चलते हैं तुझ पे संग-ए-हवादिस[1] इसी लिए
महफ़ूज़[2] वो है जो न रक्खे बर्ग-ओ-बार-ए-शाख़[3]

1 दुर्घटनाओं का पत्थर 2 सुरक्षित 3 टहनी के फल और पत्ते

ख़्वाहिश है आग की तो तकल्लुफ़[1] को दूर कर
देखी है 'इश्क़' जलती कभी मेवा-दार शाख़

1 शिष्टाचार

❁

नज़र में जिस की फिरती होवे उस ख़ूँ-ख़्वार[1] की सूरत
उसे हरगिज़ न ख़ुश आवे गुल-ओ-गुलज़ार[2] की सूरत

1 अत्याचारी 2 फूल और बाग़ीचा

ब-ग़ैर अज़ रू-ए-ज़ेबा[1] के जहाँ का आईना-ख़ाना[2]
नज़र आता है आँखों में दर-ओ-दीवार की सूरत

1 ख़ूबसूरत चेहरा 2 वह मकान जिसमें हर तरफ़ आईने हों

बहा जाता है ख़ूँ आँखों से उस की ये निशाँ तो है
वगर्ना कौन पहचाने तिरे बीमार की सूरत

अरज़[1] क्या और क्या जौहर कोई ज़ाहिर[2] कोई मज़हर[3]
मुहक़्क़िक़[4] कहते हैं उन सब को इस दिलदार की सूरत

1 जो किसी दूसरी वस्तु में अपना अस्तित्व रखता हो 2 स्पष्ट 3 प्रकट होने का स्थान 4 खोज करने वाला

ये ज़ोर-ए-'इश्क़'[1] है बे-शुब्हा[2] हम भी तुझ से कहते हैं
अबे सुनता है ओ ज़ाहिद[3] तिरे इंकार की सूरत

1 इश्क़ का ज़ोर 2 बिना किसी शक 3 गुनाह से दूर रहने वाला

❀

इश्क़ आँखों को किस की तकता है
आज जो दम-ब-दम[1] बहकता है

1 पल-पल

हाय यारो ख़ुदा[1] ही ख़ैर[2] करे
ज़ख़्म-ए-दिल[3] बे-तरह टपकता है

1 ईश्वर 2 अच्छा 3 दिल का घाव

किसी बेदाद-गर[1] ने याद किया
दिल-ए-मजरूह[2] जो धड़कता है

1 अत्याचारी 2 चोट खाया हुआ दिल

किस तरह से न हूँ मैं गर्म-ए-सुख़न[1]
आग में दिल पड़ा दहकता है

1 कविता लिखने में व्यस्त

दर्द-ए-दिल[1] क्या करूँ बयाँ ज़ालिम
कुछ सिनाँ[2] की तरह चमकता है

1 दिल का दर्द 2 बर्छी की नोक

'इश्क़' को शाइरी नहीं मंज़ूर
दिल में आता है सो वो बकता है

तुझ से क्या क्या कहें कि क्या हैं हम
अल-ग़रज़[1] बंदा-ए-ख़ुदा[2] हैं हम

1 संक्षेप 2 ईश्वर का बंदा

हर तरह से हमें ग़नीमत[1] जान
दर्द हैं मेहर हैं वफ़ा[2] हैं हम

1 संतोषजनक 2 दोस्ती

न सलामुन-अलैक[1] है न पयाम2
कहने को तेरे आश्ना[3] हैं हम

1 तुम पर सलाम हो 2 संदेश 3 दोस्त

चाहता है तुझे जहाँ[1] सारा
पर उन्हीं से मियाँ जुदा[2] हैं हम

1 संसार 2 अलग

तेरे बंदों में जब हुए मशहूर
आप को जो कहें बजा हैं हम

बे-सर-ओ-पा[1] हैं आब[2] के मानिंद[3]
'इश्क़' मिल चलने को बला हैं हम

1 बे-सर पैर का 2 पानी 3 जैसा

गो[1] मियाँ हम ग़ज़ब के मारे हैं
पर भले या बुरे तुम्हारे हैं

1 अगर्चे

दाग़ कहिए इन्हें मआज़-अल्लाह[1]
फ़लक-ए-दिल[2] के ये सितारे हैं

1 ईश्वर बचाए 2 दिल का आकाश

ख़ल्क़[1] में हम हैं ख़ल्क़ हम में है
मिस्ल-ए-दिल[2] गो कि हम किनारे हैं

1 लोग 2 दिल के जैसे

हम तुम हैं एक यार कहने को
तुम हमारे हो हम तुम्हारे हैं

किस तरह तुझ से वो उठावें हाथ
जो ज़बाँ तुझ से यार हारे हैं

मिरे दर से उन्हें उठाओ मत
'इश्क़' से ये भी ग़म के मारे हैं

❁

क़ौल-ओ-क़रार[1] तेरी ख़ातिर से मानता हूँ
वर्ना ये झूटी बातें मैं ख़ूब जानता हूँ

1 प्रतिज्ञा और वचन

दिल बस-कि है मुकद्दर[1] गर्दिश से इस फ़लक[2] की
साअत[3] का जब से शीशा मैं ख़ाक[4] छानता हूँ

1 उदास 2 आकाश 3 समय 4 मिट्टी

नासेह[1] दिमाग़-सोज़ी[2] बे-फ़ाइदा है तेरी
करता हूँ बात मैं वो जो दिल में ठानता हूँ

1 उपदेशक 2 सोच बिचार

कुछ बुल-अजब[1] नहीं है नर्गिस[2] अगर करे गुल[3]
ये मुश्त-ए-ख़ाक[4] अपने आँसू से सानता हूँ

1 नासमझ 2 एक फूल 3 फूल 4 मुट्ठी भर मिट्टी

ऐ 'इश्क़' तू जगा रह शब हो गई है आख़िर
चादर को नींद की ले मैं सर पे तानता हूँ

तिरे वस्ल[1] में लुत्फ़[2] क्या क्या न देखा
न देखा सो देखा जो देखा न देखा

1 मिलन 2 आनंद

ख़ुदा[1] जाने क्या मुँह-भराई दी उस को
लब-ए-ज़ख़्म-ए-दिल[2] जो कभी वा न देखा

1 ईश्वर 2 दिल के ज़ख़्म का होंट

मैं रो-रो के आँसू से की शीशा-बाज़ी
ये हँस-हँस के तू ने तमाशा न देखा

करीमी[1] तिरी जब से समझा हूँ दिल में
कभी फ़िक्र-ए-इमरोज़[2] फ़र्दा[3] न देखा

1 दया 2 आज की चिंता 3 अगला दिन

ख़ुदा की ख़ुदाई[1] है क़ाएम[2] प तुझ सा
न देखा न देखा न देखा न देखा

1 बादशाही 2 निश्चित

सभी दावा-ए-इश्क़[1] रखते हैं लेकिन
कोई इश्क़ सा हम ने रुस्वा न देखा

1 इश्क़ का दावा

आह फिर तुझ को ऐ बे-रहम ख़बर करते हैं
यानी आ जा दम-ए-आख़िर[1] है सफ़र करते हैं

1 मृत्यु का समय

अपने आँसू का ही तूफ़ान नज़र आता है
हालत-ए-गिर्या[1] में जिस सम्त नज़र करते हैं

1 रोने की हालत

वस्ल[1] और हिज्र[2] के आलम को न पूछो हम से
डरते डरते कभी उस सम्त गुज़र करते हैं

1 मिलन 2 वियोग

रंज सौ तर्ह के आशिक़ को अगर होवें नसीब
इश्क़-बाज़ी में वो कब चश्म[1] को तर करते हैं

1 आँख

देखिए गौहर-ए-मक़्सूद[1] को कब पहुँचे 'इश्क़'
उम्र है गुज़री कि हम ख़ाक[2] बसर करते हैं

1 असल मुराद 2 मिट्टी

बे-नियाज़ी[1] में तुझ को क्या न हुआ
अपने बंदों का तू ख़ुदा[2] न हुआ

1 बेपरवाई 2 ईश्वर

रंज बे-जा न खींचता हरगिज़
दिल मिरा हैफ़[1] बे-वफ़ा न हुआ

1 अफ़्सोस

जान तक दे चुके हम ऐ यारो
तू भी क़ातिल का मुद्दआ[1] न हुआ

1 आशय

ज़िंदगी का समर[1] ये पाया मैं
शुक्र अल्लाह[2] कोई ख़फ़ा[3] न हुआ

1 फल 2 ईश्वर 3 नाराज़

ऐ नसीम-ए-सहर[1] तिरी दौलत
ग़ुंचा-ए-दिल[2] किसी का वा न हुआ

1 सुबह की हवा 2 दिल की कली

आईना देख ये लगा कहने
'इश्क़' बे-जा भी मुब्तला[1] न हुआ

1 ग्रसित

मशहूर है जहाँ[1] में अगर-चे जफ़ा-ए-गुल[2]
सौ जानें हों तो कीजिये उस पर फ़िदा-ए-गुल[3]

1 संसार 2 फूल का अत्याचार 3 फूल न्योछावर करना

जाता है मिस्ल-ए-बू[1] के ये दिल उड़ा हुआ
क्यूँ कर भला न हूँ मैं कहो मुब्तला-ए-गुल[2]

1 ख़ुशबू की तरह 2 फूल पर फ़िदा

सर-सब्ज़[1] गुल[2] की रखे ख़ुदा[3] हर रविश बहार
ऐ बाग़बाँ[4] नसीब हो तुझ को बला-ए-गुल[5]

1 हरा-भरा 2 फूल 3 ईश्वर 4 माली 5 फूल की मुसीबत

गुलज़ार[1] उस के दाग़ से सीना मिरा हुआ
कहो मिरे मज़ार पर कोई न लाए गुल

1 बाग़

गुलचीं-ओ-बाग़बाँ[1] को कहाँ उस की क़द्र है
बुलबुल के दिल से पूछिए जिस वक़्त आए गुल

1 माली और बाग़बान

कुछ आरज़ू से काम नहीं 'इश्क़' को सबा[1]
मंज़ूर उस को है वही जो हो रज़ा-ए-गुल[2]

1 पूर्वी हवा 2 फूल की इच्छा

लिख के लाता है अबस[1] शैख़[2] मछन्दर तावीज़[3]
दाग़-ए-महबूब[4] से है अब कोई बेहतर तावीज़

1 बेकार 2 मुर्शिद 3 गले में पहनी गई दुआ 4 प्रेमी का दाग़

नौ-रतन का करें किस तौर वो ख़ुश बाज़ू-बंद[1]
है दिवानों को तिरे कूचे[2] का पत्थर तावीज़

1 बाँह पर पहनने का एक प्रकार का आभूषण 2 गलियाँ

रस्म-ओ-तदबीर[1] ग़लत जान तू तक़दीर पे छोड़
शैख़ किस वास्ते करता है ये मंतर तावीज़

1 नियम और उपाय

ख़त-ए-बातिल[1] की तरह महव हो तकसीर[2] का इल्म
देख ख़त-ए-नव[3] ख़तों का होवे न शश्दर[4] तावीज़

1 असत्य लकीर 2 किसी तावीज, यंत्र या चक्र में संख्याएँ इस प्रकार भरना कि हर ओर से जोड़ बराबर आये 3 नई लिखावट 4 हक्का-बक्का

हैकल-ए-दाग़[1] गुलू-गीर[2] हुई है मेरे
'इश्क़' के दिल ने किया जब से ये अख़गर[3] तावीज़

1 दाग़ की आकृति 2 गले या गर्दन में फंस जाने वाला 3 जलता हुआ कोयला

जल जाऊँ न किस तर्ह से आराम यही है
मैं इश्क़ का बंदा हूँ मिरा काम यही है

दिल दे चुके अब जान को रक्खोगे कहाँ तक
उस शोख़[1] सितम-गार[2] का पैग़ाम[3] यही है

1 चंचल 2 अत्याचारी 3 संदेसा

कुछ मुझ को मियाँ ज़िल्लत-ओ-इज़्ज़त[1] से नहीं काम
बद-नाम हुआ तुझ से मिरा नाम यही है

1 सम्मान और अपमान

जूँ शम्अ[1] न कर जलने में गर्दन को अरे ख़म[2]
इस दाग़-ए-मोहब्बत[3] का सर-अंजाम[4] यही है

1 चराग़ 2 टेढ़ा 3 प्रेम का दाग़ 4 अन्त

दिन-रात मह-ओ-साल घड़ी-पल नहीं आराम
हम जी चुके जो सुब्ह यही शाम यही है

ख़ुम-ख़ाना[1] को दे आग वही चश्म[2] है काफ़ी
ये 'इश्क़' का है मय-कदा[3] याँ जाम यही है

1 शराब-ख़ाना 2 आँख 3 शराब पीने की जगह

❁

अगर दिल-दार[1] मैं रुस्वा न होता
तो तेरे हुस्न का शोहरा[2] न होता

1 महबूब 2 चर्चा

न होता मिस्र का बाज़ार ही गर्म
अगर उस इश्क़ का सौदा न होता

कहाँ जा ख़ाक[1] दीवाने उड़ाते
अगर ये गोशा-ए-सहरा[2] न होता

1 मिट्टी 2 रेगिस्तान का किनारा

अगर पर्दा न होता कुफ्र-ओ-दीं[1] का
नशीद-ए-आशिक़ाँ[2] बाला न होता

1 धर्म और अधर्म 2 आशिक़ों का गीत

निकलता ना-उम्मीदी से मिरा जी
अगर ये वादा-ए-फ़र्दा[1] न होता

1 कल का वादा

ख़ुदाई[1] कब मयस्सर[2] तुझ को होती
अगर ये 'इश्क़'-सा बंदा न होता

1 बादशाही 2 उपलब्ध

ये जो लगा है तीर मुझे ऐ कमान-ए-इश्क़[1]
महशर[2] में देखियो यही होगा निशान-ए-इश्क़[3]

1 इश्क़ की कमान 2 क़यामत 3 इश्क़ का निशान

सुर खींचे आह ख़ाक[1] से मेरी जो मिस्ल-ए-नै
है क्या अजब कि हूँ मैं शहीद-ए-सिनान-ए-इश्क़[3]

1 मिट्टी 2 बांसुरी की तरह 3 इश्क़ की बर्छी का शहीद

मक़्दूर[1] क्या जो कह सकूँ कुछ रम्ज़-ए-इश्क़[2] को
जूँ शम्अ[3] हूँ अगरचे सरापा[4] ज़बान-ए-इश्क़[5]

1 ताक़त 2 इश्क़ का भेद 3 चराग़ 4 सर से पाँव तक 5 इश्क़ की ज़बान

परवेज़[1] ने मिटाने में तक़्सीर[2] तो न की
रह गई ज़बान-ए-तेशा[3] पे ये दास्तान-ए-इश्क़[4]

1 ईरान का एक राजा 2 कोताही 3 कुल्हाड़ी की ज़बान 4 इश्क़ की कहानी

दिल खोने पर जो रोते हो ऐ हमदमो अबस[1]
टुक आँख खोल देखो कि जाता है जान-ए-इश्क़[2]

1 बेकार 2 इश्क़ की जान

मरते मरते गई न तन्हाई
ऐ शब-ए-वस्ल[1] तू भले आई
1 मिलन की रात

दिल तू गोशा में अपने बैठा रह
कहते हैं शोख़[1] से वो हरजाई
1 नटखट

नंग और नाम से गुज़र ऐ दिल
लुत्फ़ है इश्क़ में सौ रुस्वाई

मेरी सूरत से हो गई बे-ज़ार[1]
ताक़त-ओ-सब्र और शकेबाई[2]
1 नाराज़ 2 धीरज

आगे तो मुझ को 'इश्क़' कहते थे
इन दिनों में लक़ब[1] है सौदाई
1 उपाधि

❀

देखा जो तुझे काफ़िर दीं-दार[1] बहुत रोया
ज़ाहिद[2] भी पटक अपनी दस्तार[3] बहुत रोया

1 धर्माचारी 2 गुनाह से दूर रहने वाला 3 पगड़ी

फ़रियाद-ओ-फ़ुग़ाँ[1] ज़ारी[2] क्या क्या न किया दिल ने
जब कुछ न चला उस का नाचार[3] बहुत रोया

1 रोना -धोना 2 रोना पीटना 3 लाचार

जब सब्र मिरा देखा तब सब्र ब-तंग[1] आया
आज़ार[2] मुझे दे कर आज़ार बहुत रोया

1 तंग 2 तकलीफ़

बद-मस्ती[1] से मचला कर ले दिल को पटक मारा
जब फूट गया शीशा मय-ख़्वार[2] बहुत रोया

1 नशे में चूर होने की अवस्था 2 शराबी

किस तौर से मारा था ऐ आफ़त-ए-जाँ[1] सच कह
जो ज़ख़्म के हँसने पर अफ़गार[2] बहुत रोया

1 जान की आफ़त 2 घायल

किस तौर तड़पता था ऐ 'इश्क़' जिगर-पारा[1]
जो क़त्ल तुझे कर के ख़ूँ-ख़्वार[2] बहुत रोया

1 जिगर का टुकड़ा 2 ख़ून पीने वाला

आँखें औरों से गर लड़ाइएगा
जीते जी फिर हमें न पाइएगा

सर सलामत रहे मुहिब्बों[1] का
अपनी शमशीर[2] आज़माइएगा

1 मोहब्बत करने वाले 2 तलवार

छुप के आलम[1] से यार मिस्ल-ए-ख़याल[2]
कभी दिल में हमारे आइएगा

1 संसार 2 ख़याल की तरह

मर गए ज़िंदगी तिरे हाथों
उस को किस तौर मुँह दिखाइएगा

हश्र[1] बरपा करेंगे दीवाने
उन की ज़ंजीर मत हिलाइएगा

1 क़यामत

शेर का जिस मकाँ में चर्चा हो
ग़ज़ल-ए-इश्क़ पढ़ सुनाइएगा

इश्क़ का मैं पिया है जाम[1] अक़्ल कहाँ और मैं कहाँ
दूर हुआ है नंग-ओ-नाम[2] अक़्ल कहाँ और मैं कहाँ

1 शराब पीने का कटोरा 2 शर्म और ग़ैरत

अक़्ल तो याँ हुई है दंग होश का उड़ गया है रंग
सब्र मिरा हुआ है तंग अक़्ल कहाँ और मैं कहाँ

इश्क़ की मैं हुआ ज़बाँ अक़्ल का फूँका ख़ानुमाँ[1]
है ये अयाँ[2] नहीं निहाँ[3] अक़्ल कहाँ और मैं कहाँ

1 घर-बार 2 स्पष्ट 3 गुप्त

क्या कहूँ अब कहाँ हूँ मैं देखोगे जो जहाँ हूँ मैं
आईना-ए-जहाँ[1] हूँ मैं अक़्ल कहाँ और मैं कहाँ

1 संसार का आईना

जाम[1] हूँ या शराब हूँ गौहर[2] हूँ या हुबाब[3] हूँ
क्या कहूँ आब-आब[4] हूँ अक़्ल कहाँ और मैं कहाँ

1 शराब पीने का कटोरा 2 मोती 3 बुलबुला 4 पानी-पानी

मुझ से दो-चार 'इश्क़' है साहिब-ए-कार[1] इश्क़ है
हम-दम दयार-ए-इश्क़[2] है अक़्ल कहाँ और मैं कहाँ

1 ईश्वर 2 प्यार की दुनिया

कोई ग़म खाता न देखा मुब्तला[1] के वास्ते
कितने आशिक़ मर गए अपनी वफ़ा[2] के वास्ते

1 ग्रसित 2 दोस्ती

कलिमत-उल-हक़्क़[1] अब कोई कहता नहीं ख़ातिर से आह
आगे सर देते थे कहते हैं ख़ुदा[2] के वास्ते

1 सच्ची बात 2 ईश्वर

जान जाओ यार हो या ख़ानुमाँ[1] बर्बाद हो
कब वफ़ा[2] को छोड़ते हैं हम जफ़ा[3] के वास्ते

1 घर-बार 2 दोस्ती 3 ज़्यादती

किस तरह से दिल छुपाऊँ दिल न दूँ दिलदार को
दिल किया है हक़ ने पैदा दिलरुबा[1] के वास्ते

1 दिल लुभाने वाला

ऐ शह-ए-बुरहान-ए-दीं[1] ये 'इश्क़' बंदा है तिरा
दर-ब-दर[2] उस को न कीजो इल्तिजा[3] के वास्ते

1 धर्म के तर्क के राजा 2 एक दरवाज़े से दूसरे दरवाज़े तक भटकने वाला
3 निवेदन

बात कहते हैं इस दहन[1] से हम
हैं पशेमाँ[2] इस सुख़न[3] से हम

1 मुँह 2 शर्मिंदा 3 बात

गुल-रुख़ों[1] की है इस में क्या तक़्सीर[2]
मर गए अपने बाँकपन[3] से हम

1 महबूब 2 कोताही 3 छैलापन

क़त्ल को जो मज़ार[1] पर आवे
निकल आवें वहीं कफ़न[2] से हम

1 किसी सूफ़ी बुज़ुर्ग की क़ब्र 2 वह सफ़ेद कपड़ा जो मुर्दे को पहनाते हैं

गुल-ओ-बुलबुल[1] से ऐ सबा[2] कहियो
ख़ुश रहो तुम चले चमन से हम

1 फूल और बुलबुल 2 पूर्वी हवा

अश्क से मिस्ल-ए-शम्अ[1] जलते हैं
क्यूँ न ख़ुश होवें अंजुमन[2] से हम

1 रौशनी की तरह 2 संगठन

इस से क्या दोस्ती लिबासी है
'इश्क़' ख़ुश होवें पैरहन[1] से हम

1 पहनने के कपड़े

❁

जब सदा[1] उस की कान पड़ती है
जान में मेरी जान पड़ती है

1 आवाज़

हँसी उस की कुछ न पूछो तुम
बर्क़[1] सी दिल पे आन पड़ती है

1 बिजली

क़द्र[1] उस की वही समझता है
जिस पे ऐ मेहरबान पड़ती है

1 सम्मान

कसो ही तरह से नहीं खुलती
जब कुर्रा-ए-दिल में आन पड़ती है

ख़ाकसारी[1] से ख़ाक होते हैं
जब नज़र उस की शान पड़ती है

1 बहुत अधिक विनम्रता

बे-ख़ुदी[1] में शुहूद-ए-हस्ती-ए-इश्क़[2]
गाह-बे-गाह[3] ध्यान पड़ती है

1 अपने आपे में न रहना 2 इश्क़ के अस्तित्व की उपस्थिति 3 कभी-कभी

जो हम पे सनम जफ़ा[1] करेगा
वल्लाह[2] बहुत बुरा करेगा

1 ज़्यादती

आईना-ए-दिल[1] में है वो पैदा
लेकिन जो उसे सफ़ा[2] करेगा

1 दिल का आईना 2 साफ़

दिल खोल मिले वो यार हम से
ऐसा भी कभी ख़ुदा[1] करेगा

1 ईश्वर

जो तू न सुनेगा हाल मेरा
कोई तो सनम सुना करेगा

आएगा नज़र छुपा है जो कुछ
जब दीदा-ए-दिल[1] को वा[2] करेगा

1 आँखें और दिल 2 खुला हुआ

जो दिल में ये तेरे राह पावे
ये 'इश्क़'-ए-ग़रीब[1] क्या करेगा

1 ग़रीब इश्क़

गदा[1] है न कोई न याँ शाह[2] है
हक़ीक़त में अल्लाह[3] ही अल्लाह है

1 फ़क़ीर 2 राजा 3 ईश्वर

मैं मरता हूँ और उस को पर्वा नहीं
अबस[1] कहते हैं दिल-ब-दिल[2] राह[3] है

1 बेकार 2 दिल का दिल से 3 रास्ता

समद[1] या सनम का गुज़र याँ कहाँ
इस आतिश-कदा[2] में तिरे आह है

1 ईश्वर 2 भट्टी

मुजाविर[1] जहाँ इश्क़ हो शैख़[2] जी
कहो कौन सी ऐसी दरगाह है

1 मुर्शिद 2 सरदार

ख़बर है कि आता है वो आज 'इश्क़'
ख़ुदा[1] जाने सच है कि अफ़्वाह है

1 ईश्वर

❁

बिन तेरे एक आन रहूँ ये कभी न हो
वो ज़िंदगी ही मर्ग[1] है जो पास तू न हो
1 मृत्यु

आज़ार[1] दूँ किसी को ये मुझ से कभी न हो
रहता है ख़ौफ़[2] दिल में कि उस दिल में तू न हो
1 तकलीफ़ 2 डर

वो दिल ही क्या है जिस को न हो जुस्तुजू[1] तिरी
वो क्या ज़बाँ है जिस पे तिरी गुफ़्तुगू[2] न हो
1 ढूंढ़ना 2 बात-चीत

नारा[1] वही है काम का तासीर[2] जिस में हो
किस काम की वो हू है कि जिस हू में हू न हो
1 शोर 2 असर

जो आरज़ू है उस का नतीजा है इंफ़िआल[1]
बेहतर ये आरज़ू है कि कुछ आरज़ू न हो
1 लज्जा

निस्बत नहीं है आग से कुछ आईना को 'इश्क़'
वो तेरे सोज़-ए-दिल[1] के कभी रू-ब-रू[2] न हो
1 दिल की जलन 2 आमने-सामने

❁

कहने को इधर उधर गए हम
थे तेरी तरफ़ जिधर गए हम

मुद्दत[1] से हैं जुस्तुजू[2] में अपनी
हैं आप से इस क़दर गए हम

1 दीर्घकाल 2 ढूंढ़ना

तब समझे कि क्या है कुफ्र-ओ-इस्लाम
इन दोनों से जब गुज़र गए हम

ऐ शैख़ बुरा भला तू कह ले
करनी थी जो कुछ सो कर गए हम

जा बैठ न बक तू हम से ज़ाहिद[1]
क्या तुझ से कहें किधर गए हम

1 गुनाहों से दूर रहने वाला

जुज़[1] 'इश्क़' न समझे कुफ्र-ओ-दीं को
तरफ़ैन[2] से बे-ख़बर गए हम

1 सिवा 2 दोनों पक्ष

आतिश[1] से मियाँ गर्म है बाज़ार-ए-मोहब्बत
जलते हैं तअस्सुफ़[2] से ख़रीदार-ए-मोहब्बत

1 आग 2 अफ़्सोस

तकलीफ़ मसीहा[1] को न दो वास्ते इस के
मोहताज दवा का नहीं बीमार-ए-मोहब्बत

1 रोग मुक्त करने वाला

बे-सर पे ये सिर्र[1] खुलते हैं सर देवे तो समझे
हर एक पे ज़ाहिर नहीं असरार-ए-मोहब्बत[2]

1 भेद 2 मोहब्बत का भेद

है मुफ़्त[1] अगर जी के एवज़[2] लीजिए उस को
सेहत से मुझे ख़ूब है आज़ार-ए-मोहब्बत[3]

1 बिना मूल्य 2 बदले 3 मोहब्बत का दुःख

ऐ क़िब्ला-ए-हाजात[1] दुआ 'इश्क़' की सुन ले
आया है तिरे पास तलबगार-ए-मोहब्बत[2]

1 ज़रूरत पूरी करने वाला 2 मोहब्बत माँगने वाला

❁

मत पूछ मुझ से क्यूँ है तिरा रंग ज़र्द[1] फिर
उठने लगा है सीने में ज़ालिम वो दर्द फिर

1 पीला

कूचे[1] में उस के जब गए तब महव[2] हो गए
मानिंद[3] नक़्श-ए-पा[4] कोई आते हैं मर्द फिर

1 गली 2 लीन 3 तरह 4 पैरों के निशान

किस तौर मिरी चश्म से जारी न होवे आब[1]
कूचे से उस के लाई सबा[2] आह गर्द फिर

1 पानी 2 पूर्वी हवा

है इन्क़िलाब-ए-चर्ख़[1] गो पुर-कार[2] की तरह
जब तक कि दम में दम है तू सहरा-नवर्द[3] फिर

1 संसार का उलट-फेर 2 चालाक 3 जंगलों में फिरने वाला

किस तौर मुज़्तरिब[1] न हों ऐ इश्क़ तू ही कह
आने लगी ज़बाँ पे तिरी आह-ए-सर्द[2] फिर

1 बेचैन 2 ठंडी आह

इस दौर में जो रौशनी-ए-दिल[1] मुराद है
मानिंद[2] आफ़ताब[3] के तू 'इश्क़' फ़र्द[4] फिर

1 दिल की रौशनी 2 तरह 3 सूरज 4 एक

बात कहने की नहीं ताक़त शिकायत क्या करूँ
इश्क़ रुख़्सत दे तो शोर-ए-हश्र[1] अब बरपा करूँ

1 क़यामत के दिन का शोर

कज-रवी[1] पर उस की आता है डुबा दूँ अश्क[2] से
दूद-ए-आह-ए-दिल[3] से और ही मैं फ़लक[4] पैदा करूँ

1 टेढ़ी चाल 2 आँसू 3 दिल की आह का धुआँ 4 आकाश

दीन-ओ-ईमाँ[1] और दिल-ओ-जाँ रू-नुमाई[2] दे चुके
है रहा क्या जो ख़रीदार उस का हो सौदा करूँ

1 धर्म और ईमान 2 झलक

सुन के बातें अक़्ल की ईज़ाएँ[1] क्या क्या तू ने दीं
मुझ को फिर तो दिल न कहियो जो न मैं रुस्वा करूँ

1 तकलीफ़

अव्वल-ओ-आख़िर को मेरा 'इश्क़' काफ़ी है मुझे
फ़िक्र बे-जा है अगर इमरोज़[1] या फ़र्दा[2] करूँ

1 आज 2 अगला दिन

कहें तुझ से क्या हम कि क्या जानते थे
ख़ुदा-वंद[1] मेरे ख़ुदा जानते थे

1 ईश्वर

सलाम-ओ-दुआ आगे लिखते थे हम भी
तुझे आप से जब जुदा[1] जानते थे

1 अलग

न थीं ख़ूबियाँ जब तलक तेरी ज़ाहिर
तुझे आप से आश्ना[1] जानते थे

1 दोस्त

जफ़ाओं[1] से शाकी[2] जो होते न थे हम
मिरी जान तेरी अदा जानते थे

1 अत्याचार 2 शिकायत करने वाला

लगावट जो थी हम से दिल से न थी वो
मियाँ हम भी ये मुद्दआ[1] जानते थे

1 दिल की इच्छा

तिरे 'इश्क़' से लाग थी दिल को जब तक
दम अपने को हम-दम हुआ जानते थे

इश्क़ सा दुनिया में रुस्वा भी नहीं
कहिए जो बे-जा[1] है बे-जा भी नहीं

1 बेकार

किस तरह से छोड़ बैठूँ हाय हाय
दर्द-ए-दिल[1] उस बिन तो जाता भी नहीं

1 दिल का दर्द

किस तरह से दर्द उस का समझिए
दिल की बातें मुँह पे लाता भी नहीं

जो नहीं मिलता तो ये तालिब[1] हैं क्यूँ
कहिए मिलता है तो मिलता भी नहीं

1 इच्छुक

दोस्त दुश्मन क्या कहूँ हैरान हूँ
अब तलक मैं उस को समझा भी नहीं

शोर-ओ-ग़ौग़ा[1] 'इश्क़' का मशहूर है
वो मकाँ से अपने हिलता भी नहीं

1 चीख़-पुकार

❁

जब से हुआ है वो बुत-ए-अय्यार[1] यार-यार
रोता हूँ तब से बरसर-ए-बाज़ार[2] ज़ार-ज़ार

1 चतुर प्रेमिका 2 बाज़ार में

ज़िंदाँ-सरा[1] जहाँ है मिरी जान जान-ए-जाँ[2]
मेहमान उस का चाहे न ज़िन्हार[3] हार-हार

1 क़ैदख़ाना 2 बहुत प्यारा 3 हरगिज़

आता था पहले घर मिरे नागाह[1] गाह-गाह
भड़काया तूने आह-शरर-बार[2] बार-बार

1 अचानक 2 चिंगारियाँ बरसाने वाला

ना-हक़[1] उसे तो रिश्ता-ए-जाँ[2] से न सी न सी
दिल कर चुका है जेब-ए-गिरफ़्तार[3] तार-तार

1 बे-वजह 2 जान का रिश्ता 3 कष्ट की जेब

जाते हैं हम तो होश के हम-राह[1] राह-राह
मंसूर हैं जो कह उठें दिलदार[2] दार-दार

1 साथ 2 प्यारा

उन गुल-रुख़ों[1] के 'इश्क़' में हर फूल-फूल-फूल
जूँ लाला दाग़ खाते हैं नाचार चार-चार

1 फूल-जैसे सुंदर

मुझ से मत पूछ यार की बातें
क़त्ल करती हैं प्यार की बातें

रोते-रोते हुए हैं चश्म[1] सफ़ेद
क्या कहूँ इंतिज़ार की बातें

1 आँख

क्यूँ कि सौदा न हो सुनूँ जो मैं
तुर्रा-ए-ताबदार[1] की बातें

1 केश की चमकदार लट

टुक तो अपने सुलूक[1] को देखो
ये हैं क़ौल-ओ-क़रार[2] की बातें

1 व्यवहार 2 प्रतिज्ञा और वचन

कान गुलज़ार के नहीं बहरे
सुनते हैं वो हज़ार की बातें

'इश्क़' बे-शुब्हा[1] तेरी ख़ातिर से
सुनते हैं सौ हज़ार की बातें

1 बिना किसी शक के

रो-रो के ज़ार-ज़ार[1] ये कहता है जान-ए-अब्र[2]
हो चश्म-ए-अश्क-बार[3] पे ये साएबान-ए-अब्र[4]

1 फूट-फूट कर 2 बादल की जान 3 आँसू बरसाने वाली आँखें
4 बादल का छज्जा

ताशा-नशीं[1] में चश्म की आवे न कोई ग़ैर
बैठा गुलाल-ए-बाड़ पे है दारबान-ए-अब्र[2]

1 गोलाकार ढोल में बैठने वाला 2 बादल का दरबान

दुनिया में गुल-ज़मीं नहीं बाक़ी सिवा-ए-गुल
आँसू के आगे सब्ज़[1] न होवे फ़ुग़ान-ए-अब्र[2]

1 हरा 2 बादल की फ़रियाद

तूफ़ान अश्क-ए-सुर्ख़[1] का देखा नहीं अभी
गिर जाए मिस्ल-ए-बर्क़[2] वगरना ये शान-ए-अब्र

1 लाल आँसू 2 बिजली की तरह

रहमत में ग़र्क़[1] क्यूँ के गुनह-गार[2] ये न हों
मय-ख़्वार[3] इस चमन के हैं सब मेहमान-ए-अब्र

1 डूबना 2 पापी 3 शराबी

सैलाब 'इश्क़' रोने का तेरे हुआ बुलंद
क्यूँ कर न होवे पस्त जहाँ में निशान-ए-अब्र[1]

1 बादल का निशान

बस-कि हूँ दिल-तंग ख़ुश आता है सहरा-ए-क़फ़स[1]
बुलबुल-ए-बे-बाल-ओ-पर[2] रखती है सौदा-ए-क़फ़स[3]

1 पिंजड़े का रेगिस्तान 2 असहाय बुलबुल 3 पिंजड़े की इच्छा

पालना मंज़ूर है तो दस्त-परवर[1] कर उसे
ताइर-ए-वहशी[2] मबादा[3] देख मर जाए क़फ़स[4]

1 परवरिश करने वाला 2 जंगली पक्षी 3 कहीं ऐसा न हो 4 पिंजड़ा

देख के सय्याद[1] को महव-ए-तमाशा[2] हो गई
बुलबुल-ए-तस्वीर[3] से मत पूछ इज़ा-ए-क़फ़स[4]

1 शिकारी 2 तमाशा देखने में व्यस्त 3 तस्वीर के बुलबुल 4 पिंजड़े की तकलीफ़

हम-सफ़ीर[1] इस बाग़ के सब क़ैद तेरे हो चुके
इश्क़ मुझ को भी दिखा दे तू तमाशा-ए-क़फ़स[2]

1 साथी 2 पिंजड़े का तमाशा

गुल[1] की ख़ातिर क़ैद में रहती है वर्ना बाग़बाँ[2]
नाला-ए-जाँ-सोज़[3] से बुलबुल के जल जाए क़फ़स

1 फूल 2 माली 3 जान जलाने वाली फ़रियाद

तीलियाँ गिनते ही गिनते उम्र के दम हो चुके
तख़्त से उड़ कर न पहुँचे इश्क़ बाला-ए-क़फ़स[1]

1 क़ैद-ख़ाने पर

❁

आँख जो देख हो गए मग़रूर[1]
दिल पुकारा हुनूज़[2] दिल्ली दूर
1 घमंडी 2 अब तक

रू छुपाया जो महर से अहमक़[1]
उड़ गया मुँह से शैख़-चिल्ली[2] नूर
1 मूर्ख 2 मूर्ख व्यक्ति

जब्र[1] इस इस तरह उठाए हैं
देख आलम[2] मुझे हुआ मजबूर
1 अत्याचार 2 दुनिया

ग़ैर-ए-हक़[1] से जो हक़ को माँग लिया
शैख़-जी[2] पर करे न खिल्ली हूर
1 ईश्वर के सिवा ग़ैर 2 धर्मोपदेशक

'इश्क़' किस बात पर लगाया दिल
थी बुतों की तो दिलबरी[1] मशहूर
1 माशूक़ी

क्या ख़ुद-परस्त-ओ-दैर-परस्त-ओ-ख़ुदा-परस्त[1]
जब ख़ूब देखिये तो ये सब हैं हवा-परस्त[2]

1 अहंकारी और मंदिर का उपासक और ईश्वर की उपासना करने वाला 2 मतलबी

जिस दिन से बू-ए-ज़ुल्फ़[1] ले आई है अपने साथ
इस गुलशन-ए-जहाँ[2] में हुआ हूँ सबा-परस्त[3]

1 बालों की ख़ुशबू 2 दुनिया का बाग़ 3 पूर्वी हवा का शौक़ीन

सब को जहाँ1 में दावा-ए-उल्फ़त[2] है दोस्ताँ
कोई नहीं पड़ा है नज़र आश्ना-परस्त[3]

1 दुनिया 2 मोहब्बत का दावेदार 3 दोस्ती निभाने वाला

सूरत-परस्त-ओ-राज-परस्त-ओ-सनम-परस्त[1]
मानी में देखिये तो सभी हैं ख़ुदा-परस्त[2]

1 हुस्न का पुजारी और मूर्तिपूजक 2 ईश्वर की उपासना करने वाला

क़ातिल ने पाएमाल[1] किया जब से ख़ून-ए-'इश्क़'[2]
सब शग़ल[3] छोड़ कर वो हुआ है हिना-परस्त[4]

1 पैरों से रौंदा हुआ 2 इश्क़ का ख़ून 3 व्यस्तता 4 मेहंदी का शौक़ीन

क्यूँ कर न मिले उन्हें ख़ुदाई[1]
करते हैं बुरे से जो भलाई

1 बादशाही

मुशफ़िक़[1] ये हुए जहाँ[2] में पैदा
रुस्वा न हो क्यूँ के आश्नाई[3]

1 दयालु 2 संसार 3 दोस्ती

सर जावे तो जावे इस सुख़न[1] पर
कब करते हैं मर्द बे-वफ़ाई[2]

1 बात-चीत 2 दग़ाबाज़ी

जिस शय[1] को किया तलाश पाया
पर बू-ए-वफ़ा[2] कहीं न पाई

1 चीज़ 2 वफ़ा की ख़ुशबू

कर क़त्ल तू 'इश्क़' को मिरी जाँ
मंज़ूर अगर है ख़ुद-नुमाई[1]

1 आत्म-प्रदर्शन

तू समझता है कोई नाला-ए-शबगीर[1] का दर्द
जिस के दिल में चुभे जाने वही उस तीर का दर्द

1 रात के समय की जाने वाली फ़रियाद

ज़ुल्फ़[1] की जाने बला दिल पे जो गुज़री गुज़री
जिस के पाँव में पड़े जाने वो ज़ंजीर का दर्द

1 सर के बाल

तालिब-ए-ऐश-ओ-ख़ुशी[1] यार जहाँ के सब हैं
कौन सुनता है कहूँ जो दिल-ए-दिल-गीर[2] का दर्द

1 सुख चैन की चाह रखने वाला 2 दुःखी दिल

मुल्तजी[1] हों जो फ़लातूँ[2] से यही बातिल[3] है
'इश्क़' जाता नहीं तदबीर से तक़दीर[4] का दर्द

1 फ़रियादी 2 अरस्तू 3 असत्य 4 भाग्य

आह दिल को बे-तरह[1] सुलगा गया
कुछ छलावा सा मुझे दिखला गया
1 बुरी तरह

आह बस अब रहम कर तू ख़ल्क़[1] पर
दूद-ए-दिल[2] से आसमाँ तो छा गया
1 लोगों 2 दिल का धुआँ

यक-ब-यक[1] तुझ को जो वहशत आ गई
किस की आँखों का तसव्वुर आ गया
1 अचानक

मुँह फिरा मुझ से जो वो हँसने लगा
बात उस की बात में मैं पा गया

कर निगाह-ए-करम[1] वो जाता रहा
आग सीना में मिरे सुलगा गया
1 मेहरबानी की निगाह

'इश्क़' जल्दी से पहुँच फ़रियाद1 को
दिल की हाथों से तो मैं घबरा गया
1 विनती

कड़के जो मिरा नाला-ए-शब-गीर[1] हवा पर
जल जावे वहीं बर्क़ की शमशीर[2] हवा पर

1 रात के समय किया जाने वाला विलाप 2 तलवार

उड़ते हुए देखा जो दिल-ए-वहशी[1] को ग़म से
खा पेच उड़ी ज़ुल्फ़[2] की ज़ंजीर हवा पर

1 क्रूर दिल 2 सर के बाल

बे-कार फ़लक[1] से नहीं ये टकटकी लागी
खींचे है तसव्वुर मिरा तस्वीर हवा पर

1 आकाश

क्यूँकर न चलें गुलशन-ए-दुनिया[1] में ये लूएँ
हो गई है मियाँ आह की तासीर हवा पर

1 दुनिया का बाग़

याँ दम का भरोसा नहीं तदबीर से हासिल
करता है दिवाने कोई तामीर[1] हवा पर

1 निर्माण

बारे कहो तुम 'इश्क़' को किस तौर न रोवे
है इन दिनों दूद-ए-दिल-ए-दिल-गीर[1] हवा पर

1 दुःखी दिल का धुआँ

ऐसे तो इंक़िलाब[1] जहाँ में हज़ार हैं
कल जो नगीं थे आज वो लौह-ए-मज़ार[2] हैं

1 क्रांति 2 वह पत्थर की तख़्ती जो किसी मरने वाले की क़ब्र पर लगाते हैं

नर्गिस के फूल रू-ए-ज़मीं[1] पर नहीं हैं यार
आँखों से देख दीदा-ए-पुर-इंतिज़ार[2] हैं

1 भूमि की सतह 2 इंतिज़ार करने वाली आँखें

शम्स-ओ-क़मर[1] पर है रक़म अहवाल-ए-रफ़्तगाँ[2]
सरादाब-ए-जहाँ[3] पे ये लौह-ए-मज़ार हैं

1 सूरज और चाँद 2 गुज़रे हुए लोगों के हालात 3 दुनिया का तह-ख़ाना

फ़स्ल-ए-बहार[1] ने ये मचाई है अब की धूम
ले गुल से मेरी जेब तलक तार-तार हैं

1 बहार का मौसम

ये इश्क़ उन बुतों का तो दो-चार दिन का है
आशिक़ जो हैं ख़ुदा के वही पाएदार[1] हैं

1 मज़बूत

तू 'इश्क़' एक गुल से भी सर बर न हो सका
बुलबुल का दिल सराहिए जिस के हज़ार हैं

न हमें सूद[1] न ज़ियाँ[2] है याद
सिर्फ़ ये नाला-ओ-फ़ुग़ाँ[3] है याद

1 लाभ 2 हानि 3 फ़रियाद

होशयारों से पूछ ये बातें
आप को भूले जब कहाँ है याद

गो के मुद्दत से इस क़फ़स[1] में हैं
पर क़दीम[2] अपना आशियाँ है याद

1 पिंजड़ा 2 पुराना

वह्म के अपने सब मुफ़स्सिर[1] हैं
बे-निशाँ का किसे निशाँ है याद

1 व्याख्या करने वाला

दिल तो और ही मकाँ में फिरता है
न ज़मीं है न आसमाँ है याद

आगे कुछ-कुछ जो हम से कहते थे
इस से कुछ तुम को मेहरबाँ है याद

❁

मज्लिस[1] में इश्क़ के नहीं है सीम-ओ-ज़र[2] से रंग
पैदा किया है उन ने कुछ और ही हुनर से रंग

1 सभा 2 सोना और चाँदी

रंगीनी-ए-चमन[1] को न कर मुझ से तू बयाँ
बरसे है मिस्ल-ए-अश्क[2] मिरी चश्म-ए-तर[3] से रंग

1 बाग़ के नज़ारे 2 आँसुओं की तरह 3 नम आँखें

मंज़ूर है कि जलने पे दिल को गवाह हो
ये बात मान जामा को अपने शरर[1] से रंग

1 चिंगारी

वो रंग कब है यार हक़ीक़त में ज़ंग है
मक़्बूल-ए-दिल[1] न हो जो मिले दर्द-ए-सर[2] से रंग

1 दिल को प्यारा 2 सर का दर्द

परखे जो उस को आ के कोई जौहरी नहीं
आँसू मेरे लड़ाते हैं लाल-ओ-गुहर[1] से रंग

1 माणिक और मोती

चाहे कि सुर्ख़-रूई-ए-कौनैन[1] हो नसीब
ऐ 'इश्क़' अपने चेहरे को ख़ून-ए-जिगर[2] से रंग

1 दुनिया की कामयाबी 2 जिगर का ख़ून

आँखों की तेरी गर्दिश-ए-सरशार[1] देख कर
अंधी हुई है नर्गिस-ए-बीमार[2] देख कर

1 मस्त होने की हालत 2 नरगिस के फूल सी आँखों वाली प्रेमिका जिसकी आँखें उठती नहीं हैं इसीलिए उन्हें बीमार कहा जाता है

कहता हूँ सब को एक ही लाठी न हाँकिए
कीजे सुलूक[1] हर किसी से यार देख कर

1 व्यवहार

ऐ हम-नफ़स[1] ये कहियो कि आँखों में दम है आ
हो जावे ख़ुश वो आख़िरी दीदार[2] देख कर

1 मित्र 2 दर्शन

फूलों का हार गूँध के आया था यार पास
वो तो गले का हार हुआ हार देख कर

आया जो मस्त-ए-नाज़[1] वो ख़ूबान-ए-रोज़गार[2]
पामाल हो गए हैं ये रफ़्तार देख कर

1 घमंड के नशे में 2 दुनिया के हसीन लोग

दिल में ख़याल था कि उसे कुछ कहेंगे 'इश्क़'
मुँह देख रह गए उसे नाचार देख कर

न है आग़ाज़[1] से मतलब न है अंजाम से काम
न ग़रज़ सुब्ह से मुझ को न मुझे शाम से काम
1 शुरुआत

शोरिश-ए-दर्द[1] ही काफ़ी है मिरी तस्कीन को
न दिल-आज़ार[2] से मतलब न दिल-आराम से काम
1 दर्द की जलन 2 दिल दुखाने वाला

रिश्ता-ए-ज़िंदगी[1] किस तौर से मक़्तू[2] न हो
मुझे रहता है हमेशा तिरी समसाम[3] से काम
1 ज़िंदगी से रिश्ता 2 कटा 3 तेज़ तलवार

किस से दिल जाके गिरफ़्तारी को अपनी कहिए
न क़फ़स[1] से कोई वाक़िफ़[2] न रखे दाम से काम
1 पिंजड़ा 2 परिचित

वस्फ़[1] औरों का भला क्यूँ के मियाँ दिल को लगे
जिस को रहता हो सदा तेरी ही दुश्नाम[2] से काम
1 गुण 2 अपशब्द

'इश्क़' पैज़ार[1] से उस की जिए या कोई मरे
यार माशूक़ को है अपने ही अब काम से काम
1 जूते

किस दिल-जले का कूचे में तेरे ग़ुबार था
हर ज़र्रा उस की ख़ाक का मिस्ल-ए-शरार[1] था

1 चिंगारी की तरह

वाक़िफ़ न जिन दिनों थे मियाँ अपने हुस्न से
है याद बंदगी में यही ख़ाकसार था

नासेह[1] भला किसे रफ़ू करता बता मुझे
हाथों से इश्क़ के न गिरेबाँ न तार था

1 उपदेशक

ऐ इश्क़ क्या किया उसे तु ने बता मुझे
देखा जो दिल को हमने तो वो बे-क़रार था

दिल देखते ही सीना से अपने निकल पड़ा
बे-इख़्तियारी में भी हमें इख़्तियार था

खो बैठे अपने हाथ से समझे न क़द्र-ए-इश्क़[1]
गिनती में गर-चे एक ही था पर हज़ार था

1 इश्क़ की क़ीमत

तिरी याद में जो कभू सो गए हैं
तकल्लुफ़ है कहना कि क्या हो गए हैं

अनोखा न उल्फ़त में मारा गया तू
कि याँ जी को अपने कई रो गए हैं

न पूछो रह-ए-इश्क़[1] की बात को तुम
बिसात अपनी जो कुछ थी हम खो गए हैं

1 इश्क़ का रास्ता

गुज़िश्तों[1] को मा'दूम अस्लन न जानो
कहीं और हैं याँ से वो गो गए हैं

1 गुज़रे हुए लोग

ख़बर उनकी आती नहीं कुछ इधर को
तरफ़ इश्क़ के 'इश्क़' जो-जो गए हैं

❁

रुबाई

दे ज़ाहिर-ओ-बातिन[1] में मुझे इज़्ज़-ओ-शरफ़[2]
अतराफ़[3] से छुट जाऊँ रहूँ तेरी तरफ़
फिर तुझ से सिवा किस से कहूँ अपना हाल
या शाह-ए-नजफ़[4] शाह-ए-नजफ़ शाह-ए-नजफ़

1 अंदर और बाहर 2 सम्मान और प्रशंसा 3 इधर-उधर 4 नजफ़ शहर के राजा हज़रत अली

❁

सब घर की मिरे बला जो थी इश्क़ टली
कौनैन[1] में हामी[2] हैं नबी[3] और वली[4]
मक़सूद-ओ-मुराद मुझ को सब हासिल हैं
रखता हूँ ज़बाँ पे विर्द[5] मैं नाद-ए-अली[6]

1 दोनों संसार 2 समर्थक 3 पैग़म्बर 4 ईश्वर का नेक बंदा, सूफ़ी 5 जाप 6 एक मंत्र जो तावीज़ की तरह बच्चों के गले में डालते हैं

❁

क्या तुझ से कहें कि यार कैसा पाया
हम मर गए आँखों में न आँसू लाया
तक़दीर[1] से चलता है किसी का क्या 'इश्क़'
जो जो किया हम ने सो ही आगे आया

1 भाग्य

❁

टुक सोच के दिल में देख क्या कहते हैं
बद[1] कहते हैं या तुझ को भला कहते हैं
इन दोनों को जाने दे ये नुक्ता[2] सुन ले
अच्छे ही को आलम[3] में बुरा कहते हैं

1 बुरा 2 नयी बात 3 संसार

❁

है ख़ूब बुतों से बे-वफ़ाई[1] कीजे
पत्थरों से कहाँ तक आश्नाई[2] कीजे
समझाते हैं हम दिल को अगर समझे 'इश्क़'
दिल दीजे ख़ुदा को और ख़ुदाई[3] कीजे

1 दग़ाबाज़ी 2 दोस्ती 3 बादशाही

कर दूर मिरे दिल से ग़ुबार-ए-कसरत[1]
ता आवे न फ़ह्म[2] में दुई की निस्बत
तुझ से मैं तुझी को माँगता हूँ साहिब
रखियो मिरी आँखों में हमेशा वहदत[3]

1 बहुतायत की धूल 2 समझ 3 एकत्व

समझेगा जो इस रम्ज़[1] को होगा शैदा[2]
बे-मिस्ल[3] किया ख़ुदा ने रुतबा[4] उस का
परछाईं को तश्बीह[5] तो कुछ शख़्स[6] से थी
इस वास्ते था न ज़िल्ल-ए-अहमद[7] पैदा

1 भेद 2 प्रेमी 3 लाजवाब 4 प्रतिष्ठा 5 उपमा 6 व्यक्ति 7 हज़रत मोहम्मद की परछाई

❀

कहता है कोई कि गुलिस्ताँ[1] को देखा
कहता है कोई कि ईं-ओ-आँ[2] को देखा
फ़रमाया मुझे 'इश्क़' ने इस बात को सुन
जब आप को देखा तो जहाँ को देखा

1 बग़ीचा 2 लोक-परलोक

❀

दिल जान को रो-रो के अबस[1] खोता है
अहवाल[2] पे तेरे तो जहान[3] रोता है
दिल हँस के लगा कहने कि सुन मुझ से 'इश्क़'
ऐसा ही मोहब्बत में मियाँ होता है

1 बेकार 2 हालात 3 संसार

❀

मुद्दत[1] हुई गो[2] दिल की मुदारात[3] नहीं
जिस तरह से थी तेरी मुलाक़ात नहीं
जो गुज़री मियाँ गुज़री पे ये सख़्त ग़ज़ब
जिस बात पर हम मरते थे सो बात नहीं

1 दीर्घकाल 2 अगर्चे 3 आव-भगत

❀

ऐ 'इश्क़' शब-ओ-रोज़ जो हैराँ है तू
किस चीज़ के वास्ते परेशाँ है तू
ये फ़िक्र है बे-जा इसे तू दिल में न रख
दुनिया में कई रोज़ का मेहमाँ है तू

क़िता

हर एक शय[1] का जुदा[2] हुक्म है शरीअत[3] में
उन्ही की निस्बतों का है बयाँ तरीक़त[4] में

1 चीज़ 2 अकेला 3 धार्मिक क़ानून 4 अध्यात्म

ब-रंग-ए-दाना-ए-अंगूर[1]-ओ-आब-ए-पाक[2] बुलंद
वगरना एक हक़ीक़त है फ़िल-हक़ीक़त[3] में

1 अंगूर के दाने की तरह 2 पवित्र पानी 3 सचमुच

❁

ख़्वाजा बहाउद्दीन नक़्शबंद के नाम

जुस्तुजू कर चुका यमीन-ओ-यसार[1]
सानी उस का जहाँ में और नहीं

1 दाईं और बाईं ओर

अपने बंदों की परवरिश[1] में 'इश्क़'
ख़्वाजा-ए-ख़्वाजगान बहाउद्दीं

1 पालन-पोषण

❁

नहीं वो ज़िक्र[1] कि हज़रत[2] जी सुब्ह-ओ-शाम किया
न मय-परस्तों[3] की सोहबत[4] जो भर के जाम पिया

1 चर्चा 2 श्री, श्रीमान 3 बहुत अधिक शराब पीनेवाला 4 संगत

सबब न पूछिए इस आह-ओ-नाला[1] का शायद
किसो[2] ने आगे किसो के किसो का नाम लिया

1 रोना-पीटना 2 किसी

❀

दिल गुम हुआ सीने से तो वसवास भला क्या
यानी मिलेगा ढूँढ से कुछ यास[1] नहीं है

1 उदासी

हँस कर ये लगा कहने न ले मरियो किसो को
दिल अपने को जा ढूँढ ले हम-पास नहीं हैं

❀

अश'आर

साहेब-नज़राँ[1] इश्क़ मेरा नाम है मशहूर
गो[2] आँखों से पोशीदा[3] हूँ पर दिल से अयाँ[4] हूँ

1 नज़र रखने वाला 2 अगर्चे 3 छुपा 4 खुला

❀

मिल गई हैं चमन-ए-हुस्न-ए-सुख़न[1] की कलियाँ
रौज़ा-ए-इश्क़[2] पे दो फूल चढ़ाने के लिए

1 अच्छी शाइरी का बाग़ 2 इश्क़ की दरगाह

❀

अपने थे जितने काम ख़िज़ाँ[1] ने किए तमाम
कहियो सलाम-ए-इश्क़ हमारा बहार को

1 पतझड़

❀

कहता है वो बातें जो उतर आती हैं दिल में
जुज़[1] 'इश्क़' किसी को भी ये इल्हाम[2] न आया

1 सिवाय 2 ईश्वरीय ज्ञान या प्रेरणा

❀